读书
这么好 的事

全新
插图版

张新颖 著

上海人民出版社

致　敬

　　这本小书篇幅不大，按比例来说，引用的文字却不算少。我想，这不仅仅是一种写作方式，一种在已经存在的书中、从其他人那里寻找自己的认同的情趣；比这种情趣更重要的，是一种致敬的方式：向读过的书，向那些书的作者致敬。

目录

†

†

上篇

读书这么好的事

"给我狭窄的心／一个大的宇宙"

如果有人想用很小的空间，譬如一间屋子，来最大限度地容纳悠久浩瀚的人类精神的历史，他大概可以想出这么一个办法：为这间屋子精心挑选书籍。

不过，把书放在自己的屋子里，却并不等于拥有了这些书。拥有一本书的真正意思是：阅读它，通过阅读使书的内涵进入自己的精神和心灵。

所以，如果一个人想用很小的空间，来最大限度地容纳悠久浩瀚的人类精神的历史，他有一个比屋子更好的放书的地方，这个地方就是他自己的精神和心灵空间。

而一个人的心灵有多大呢？在有的人那里，它很小，小得只能装得下一点点东西，我们会感觉到这样的心灵很贫乏，当贫乏到什么也装不下的程度的时候，我们会说这样的人是没有心灵的；比起来，我们当然更愿意看到那些巨大而丰富的心灵，在这样的心灵里面，我们能够深刻感受到人类精神的悠久浩瀚。

德国伟大的作家歌德（Johann Wolfgang von Goethe，1749—1832）曾经在书信里说："我要像《古兰经》里的摩西那样祈祷：主啊，给我狭窄的胸以空间。"冯至（1905—1993）在著名的《十四行集》里，把这句话改成了两行诗："给我狭窄的心 / 一个大的宇宙。"

谁不追求精神和心灵空间的扩展呢？可是，怎样才能达到这种扩展？怎样才能使个人的狭窄的心逐渐变大，变得丰富多彩，变成一个大的心灵宇宙？

读书是特别重要的一条途径。

出生在德国，后来加入瑞士籍的小说家赫尔曼·黑塞（Hermann Hesse，1877—1962）非常生动地描述过读书是怎样一步一步地扩大着人的心灵空间的动人情景："每一年，我们都看见成千上万的儿童走进学校，开始学写字母，拼读音节。我们总发现多数儿童很快就把会阅读当成自然而无足轻重的事，只有少数儿童才年复一年，十年又十年地对学校给予自己的这把金钥匙感到惊讶和痴迷，并不断加以使用。他们为新学会的字母而骄傲，继而又克服困难，读懂一句诗或一句格言，又读懂第一则故事，第一篇童话。当多数人将自己的阅读能力很快就只用来读报上的新闻或商业版时，少数人仍然为字母和文字的特殊魅力所风魔。这少数人就将成为读书家。他们儿时便在课本里发现了诗和故事。但在学会阅读技巧之后并不背弃它们，而是继续深入书的世界，一步一步地去发现这个世界是何等广大恢宏，何等气象万千和令人幸福神往！最初，他们把这个世界当成一所小小的美丽幼儿园，园内有种着郁金香的花坛，有金鱼池；后来，幼儿园变成了城里的大公园，变成了城市和国家。变成了一个洲乃至全世界，变成了天上的乐园和地上的象牙海岸，永远以新的魅力吸引着他们，永远放射着异彩。昨天的花园、公园或原始森林，今天或明天将变为一座庙堂，一座有着无数的殿宇和院落的庙堂；一切民族和时代的精神都聚集其中，都等待着新的召唤和复苏，都时刻准备着那笼罩着万千种声音和形式的同一性体验。对于每一位真正的阅读者来说，这无尽的书籍世界都会是不同的样子，每一个人还将在其中寻觅并且体验到他自己。这个人从童话和印第安人故事出发，继续摸索着走向莎士比亚和但丁；那个人从课本里第一篇描写星空的短文开始，走向开普勒或者爱因斯坦……通过原始密林的路有成千上万条，要达到的目的也有成千上万个，可没有一个是最后的终点，在眼前的终点后面，又将展现出一片片新的广阔的原野……"

　　阅读的结果不仅仅是使自己知道了什么，黑塞理想中的阅读，是通过沉浸于伟大的著作，领略历史上和现实中人类所思、所求的广阔和丰盈，从而在自己和整个人类之间，建立起息息相通的生动联系，使自己的心脏随着人类心脏的跳动而跳动。这样，个人就不再是孤单的个人，心灵就不再是孤单的心灵，人生也会在丰富的联系中变得越来越充实，越来越有意义。

　　这是一个奇妙的过程：书中的智慧，通过你的眼睛使它成为可见的，然后经过感觉的门廊，经过想象力的天井，进入你心灵的空间。

　　因为读书，一个人的心灵空间开始扩大，但是不要指望一下子就扩得很大，这是一个渐进的过程，每走一步，都会带来不同的感受，每到达一个目标，都会处在不同的境界。

这个渐进的过程还是一个没有完结的漫长过程，虽然我们会到达一个个具体的目标，但那都是途中的目标，不管我们走到了哪里，都只是在半路上，如果我们停了下来，就不会知道下一步我们能看到什么，感受到什么，处于一个什么样的境界，我们的心灵世界会变得怎么样。

所以，当我们开始读书了，我们就走上了一条没有止境的路。也正因为是这样，心灵空间的拓展才是没有尽头的。

"给我狭窄的心，一个大的宇宙"——那会是一个什么样的大的宇宙啊，它期待着、召唤着那些为了追求而上路的人。

留在我们身上的种子和朝向自我的过程

　　读书给人带来的变化，不单单使他接触和了解一个他外面的广大世界，而且引起他自身内部的变化。意大利作家伊塔洛·卡尔维诺（Italo Calvino，1923—1985）说："青少年的阅读，可能（也许同时）具有形成性格的实际作用，原因是它赋予我们未来的经验一种形式或形状，为这些经验提供模式，提供处理这些经验的手段，比较的措辞，把这些经验加以归类的方法、价值的衡量标准，美的范式：这一切都继续在我们身上起作用，哪怕我们已经差不多忘记或完全忘记我们年轻时所读的那本书。当我们在成熟时期重读这本书，我们就会重新发现那些现已构成我们内部机制的一部分的恒定事物，尽管我们已回忆不起它们从哪里来。这种作品有一种特殊效力，就是它本身可能会被忘记，却把种子留在我们身上。"

从另外的角度来说，读书不仅带来心智空间上的拓展，而且引进了另外一种时间——读书时间。翻开书页，一个人就从表面的、平淡的、没有内容的物理时间，进入了他一个人独有的与书对话和交流的深层时间。在这种隐秘的深层时间里，他和书交互作用，他的自我也就在这个过程中不断发生着变化。

那么，什么是一个人的自我呢？

其实，自我不是一个已经固定、早就存在在那里的东西，自我处在不断的形成过程中。你要有一个什么样的自我，要看你怎样去形成这个自我。对于青少年朋友来说，一切尚待成型，更需要产生一种自我的意识，加入到自我的形成和塑造、变化和发展的过程中去。

读书，在一个重要的意义上，就是一种朝向自我、理解自我、产生自我意识、形成和塑造自我的运动过程。

著名作家巴金（1904—2005）曾经描述他少年时读书的一个情景："我得到了一本小册子，就是克鲁泡特金的《告少年》（这是节译本）。我想不到世界上还有这样的书！这里面全是我想说而没法说得清楚的话。它们是多么明显，多么合理，多么雄辩。而且那种煽动性的笔调简直要把一个十五岁的孩子的心烧成灰了。我把这本小册子放在床头，每夜都拿出来，读了流泪，流过泪又笑。那本书后面附印着一些警句，里面有这样的一句话:'天下第一乐事,无过于雪夜闭门读禁书。'我觉得这是千真万确的。从这时起,我才开始明白什么是正义,这正义把我的爱和恨调和起来。"

《告少年》和波兰作家廖亢夫《夜未央》等一类作品和书籍,不仅使少年巴金开始明白世界,而且开始明白自己,产生出自己应该如何去想、去做的强烈自我意识,很快投身到反抗专制和强权、追求个性自由的社会活动中去。巴金后来转入文学创作,他青少年时代的信仰和理想通过作品表达出来,给当时年轻的读者很深的震动。

在我们平凡的生活中,这种震惊性的读书体验及其所造成的人生道路的决定性转折也许不太常见,不过,读书是一个朝向自我的过程,是一种向着自我可能性的运动,这一点,在日常的阅读体验中也是如此,它的表现可能是不那么戏剧化的,不那么迅疾的,不那么明显的，但它对于自我的重大意义无论如何都不可被忽略和低估。

人的成长也就是一种向着自我的可能性的运动，由此而言读书和成长是重叠和融合在一起的，十九世纪俄国思想家赫尔岑（1812—1870）说："书是和人类一起成长起来的，一切震撼智慧的学说，一切打动心灵的热情，都在书里结晶成形；在书本中记述了人类狂狷生活的宏大规模的自由，记述了叫做世界史的宏伟的自传。"然而，书本中不仅有过去的真理，它更是"未来的纲领"。从个人的意义上来说，书本是"未来的纲领"也就是自我可能性的纲领。

从苏联流亡美国的著名诗人约瑟夫·布罗茨基（Joseph Brodsky，1940—1996）把读书朝向自我的性质，描述得生动清晰而且非凡美妙——

"在历史上，在人类历史上，书籍就是人类发展的过程，它基本上类似于车轮的发明，一本书就是穿越生存空间的一种运输方式，以翻页的速度前进，它存在的重要目的不是要我们了解我们的起源，而是要我们了解人类能够做到的一切。这种运动与任何一种运动没有什么两样，是起自同一点的航程……朝着'非凡的容貌'飞去，朝着个性飞去，朝着自主性飞去，朝着个体隐秘飞去。"

不放弃人类特有的神圣权利

读书是不是真的很重要？人非要读书不可吗？不读书不也照样活着？

可是，活着和活着之间的差别是非常巨大的，有时甚至存在着根本性的区别。

哲学家贺麟（1902—1992）一九四三年做过一个《读书方法和思想方法》的演讲，他说，人与禽兽的不同，在于：一、人能制造并利用工具，而禽兽不能；二、人有文字，而禽兽没有。"说粗浅一点，人是能读书著书的动物。故读书是划分人与禽兽的界限，也是划分文明人和野蛮人的界限。读现代的书即所以与同时的人作精神上的沟通交谈。读古人的书即所以承受古圣先贤的精神遗产。读书即所以享受或吸取学问思想家多年的心血的结晶。所以读书实人类特有的神圣权利。"

这些话说得很重，说到了做人的根本上去。贺麟紧接着又强调说，"要想不放弃此种神圣权利，堂堂正正做一个人，我们惟有努力读书。"

写到这里联想起这么一件事：著名诗人约瑟夫·布罗茨基一次应国际创造性与领导学基金会的邀请前去演讲，结束时主持人表示感谢，没想到这位孤傲的诗人当众说出了这么一段话："一点也不用谢我。我坐在这里，并不完全是我自己。我是我所读过和所记得的东西的总和。一旦我不记得了那些东西，一旦我成了街上的普通人，任何人都可以捅死我也不会造成很大损失。但是只要我记得，我就是件珍品！"

这可真够骄傲的。不过，你仔细想想，与其说诗人是为他自己而骄傲，还不如说是为他所读过的书、所记得的东西而骄傲，也就是为自己所掌握的人类精神遗产和他能够承传人类的精神遗产而骄傲。如果不是因为人类的悠久浩瀚的精神历史和文化传统，没有一个人可以为他自己这样骄傲。

这种骄傲充分显示出了一个人的尊严，而这种个人的尊严，简明一点说，是通过读书获得的。不读书，就放弃了获得这种尊严的机会。

而在布罗茨基看来，不读书还不仅仅是放弃个人尊严的问题，比这要严重得多。一九八七年，布罗茨基获得诺贝尔文学奖，他在受奖演说中说，有一种比许多罪过更为深重的罪过——"这就是鄙视书，不读书。由于这一罪过，一个人将终生受到惩罚；如果这一罪过是由整个民族犯下的话——这一民族就要因此受到自己历史的惩罚。"

古往今来，有无数的智者把人类历史本身看成是一部共同创作、共同阅读、永无止境的书。这不只是一个简单的比喻性的说法，人类的精神和文化传统确实常常是与书合为一体的。在阿根廷作家博尔赫斯（Jorge Luis Borges，1899—1986）看来，"人类发明的种种工具中，唯书本为大。除书而外，其他工具都只是人类躯体的延伸。显微镜和望远镜是眼睛的延伸，电话是嗓门的延伸，犁耙和刀剑是手臂的延伸。书就大不相同了：书是记忆和想象的延伸。"而人类的一切知识，从某种意义上说，就是记忆和想象之和。

那么，没有书，会怎么样？

二十世纪七十年代的时候，大学者钱锺书（1910—

1998）和妻子杨绛下放到河南的一个地方劳动。有一天，杨绛指着窝棚说："给咱们这样一个窝棚，咱们就住下，行吗？"

钱锺书认真想了一下，说："没有书。"

物质享受可以不要，但没有书，却不好过日子。

这是一个非常朴素的故事，它朴素地把读书视为人的生命过程中不可缺少的事情。人活着，过日子，读书是其中多么自然的事情，就像生活中享受阳光一样自然，而一旦缺少了这自然的事情，活着其实是不一样地活着，过日子也是不一样地过日子。

"好像有了它在，我的生命也就有了安全"

　　一九四七年十一月二十八日，在巴黎留学的熊秉明（1922—2002）因为借给别人的一本书被弄丢了，不禁在日记里回忆起这本书——里尔克的《罗丹》——曾经陪伴的岁月，那是在中国，在抗战的军中："一九四三年被征调做翻译官，一直在滇南边境上。军中生活相当枯索，周遭只见丛山峡谷，掩覆着密密厚厚的原始森林，觉得离文化遥远极了。有一天丕焯从昆明给我寄来了这本小书：梁宗岱译的里尔克的《罗丹》。那兴奋喜悦真是难以形容。大学二年级的时候曾读到里尔克的《给一个青年诗人的信》，冯至译，受到很大的启发，好像忽然睁开了新的眼睛来看世界。这回见到里尔克的名字，又见到罗丹的名字，还没有翻开，便已经十分激动了，像触了电似的。书很小很薄，纸是当年物资缺乏下所用的一种粗糙而发黄的土纸，印刷很差，字迹模糊不清，有时简直得猜着读，但是文字与内容使人猛然记起还有一个精神世界的存在，还有一个可以期待、可以向往的天地的存在。这之后，辗转调动于军部、师部、团部工作的时候，一直珍藏在箱箧里，近乎一个护符，好像有了它在，我的生命也就有了安全。

我现在能够徘徊在罗丹的雕像之间了，但是那一本讲述罗丹作品的印得寒伦可怜的小书——白天操练战术，演习震耳的迫击炮，晚上在昏暗的颤抖着的蜡烛光下读的小书——竟不能忘怀。"

为什么在野蛮残酷的战争中，一本书竟会产生这样神奇、动人的作用，给予一个青年如此巨大的安慰："好像有了它在，我的生命也就有了安全？"

熊秉明个人的经历和感受，其实隐含着人类集体的一种诉求，那就是，人的生活，需要基本的安全保障；而基本的安全保障，一方面是物质的、身体的，还有一方面是精神的、心理的。战争，这头野蛮的怪兽，不仅威胁和摧毁着物质的、身体的安全，同样也恐吓和打击着精神的、心理的安全。当战争似乎笼罩了整个世界的时候，有什么可以抗衡这头残忍的怪兽？抗衡野蛮的，只能是文明。书是文明的象征，是文明世界存在的证据。一本小书近乎一个小小的护符，赋予它护符功能的，是文明巨大的力量。越是在野蛮力量肆虐的时候，人越渴望文明的庇护。

熊秉明毕业于西南联大，这所战争期间的大学所创造的学术、教育上的辉煌成就仿佛是一个奇迹，这个奇迹和战争的状况形成了强烈的反差。说到底，这个奇迹就是文明力量的奇迹。当年联大的学生王佐良（1916—1995）多年后回忆起当时的情境："联大的屋顶是低的，学者们的外表褴褛，有些人形同流民，然而却一直有着那点对于心智上事物的兴奋。在战争的初期，图书馆比后来的更小，然而仅有的几本书，尤其是从外国刚运来的珍宝似的新书，是用着一种无礼貌的饥饿吞下了的。这些书现在大概还躺在昆明师范学院的书架上吧：最后，纸边都卷如狗耳，到处都皱叠了，而且往往失去了封面。"

还可以举一个更熟悉的例子：沈从文（1902—1988）。

沈从文高小毕业，十五岁开始当一个小兵，随部队辗转。他从小见惯了杀人和死亡，动荡不安的军中生活充满艰难和辛酸。不过，有谁能够想象，这个每月只有三四块钱的小兵，他的包袱里，有一本值六块钱的《云麾碑》，值五块钱的《圣教序》，值两块钱的《兰亭序》，值五块钱的《虞世南夫子庙堂碑》，还有一部《李义山诗集》——"这份产业现在说来，依然是很动人的。"

沈从文后来在筸军统领官陈渠珍身边作书记约半年，日常的事务中有一件是保管整理大量的古书、字画、碑帖、文物，《从文自传》里说："这份生活实在是我一个转机，使我对于全个历史各时代各方面的光辉，得了一个从容机会去认识，去接近。""无事可作时，把那些旧画一轴一轴的取出，挂到壁间独自来鉴赏，或翻开《西清古鉴》《薛氏彝器钟鼎款识》这一类书，努力去从文字与形体上认识房中铜器的名称和价值。再去乱翻那些书籍，一部书若不知道作者是什么时代的人时，便去翻《四库提要》。这就是说我从这方面对于这个民族在一段长长的年份中，用一片颜色，一把线，一块青铜或一堆泥土，以及一组文字，加上自己生命作成的种种艺术，皆得了一个初步普遍的认识。由于这点初步知识，使一个以鉴赏人类生活与自然现象为生的乡下人，进而对于人类智慧光辉的领会，发生了极宽泛而深切的兴味。"

熊秉明深切感受到的，"文字与内容使人猛然记起还有一个精神世界的存在，还有一个可以期待、可以向往的天地的存在"，用在当年的小兵沈从文身上，也是恰当的吧。

读书与安全，似乎极不相干，我们在平常的日子里也很难做这样的联想；极端的生存环境，把被日常安稳日子所遮盖的紧密联系显现出来了。即使我们在平常时日不大有物质的、人身的安全之虞，在精神上、心理上却常常感觉安全感不够。给人以安全感的世界一定是一个文明的世界，读书，是和文明世界的联系，是置身于文明力量的庇护之中。

不读书的种种理由

有的人不怎么读书，是因为他把读书这件事看得过轻，觉得不读书没什么，所以他会找出种种理由不读。

奇怪的是另一些人，他们不怎么读书却是因为把读书这件事看得过重，觉得读书是要郑重其事对待的，读书必得有很好的条件才成，譬如自己要有完整的时间，要有不受干扰的环境，要有良好的精神气氛，诸如此类。因为条件总是很难达到，不是这里不如意就是那儿不称心，所以也就总是不怎么读书。

这后一类人的理由，说出来其实和前一类人的理由差不多；结果也一样：都不怎么读书。不一样的是，后一类人往往还期待着将来，他在心里对自己说，等到条件都完满的那一天，我一定会好好读书。

这其实是自我欺骗。因为永远也不会有什么都完满的一天。即使有，到时候还是会找出不称心如意的地方。

有一个学生，他在读完柏拉图（前427—前347）的对话录之后，陷入了深深的悲哀，他说已经不能想象对话录里那种神奇的雅典人的气氛会在自己的时代和现实里重现了，那个时代的人友好和睦、富有教养、朝气蓬勃，珍视相互间的平等关系，他们既文明开化又富有自然感情，聚会在一起畅谈他们的理想和追求的意义。这样的时代和氛围，才是读书和追求精神生活的理想时机。

这个学生错了。美国芝加哥大学教授阿兰·布鲁姆（Allan Bloom，1930—1992）指出："实际上这场富于戏剧性的对话恰恰发生在一场可怕的战争期间，当时的雅典已经注定要陷落了，阿里斯托芬和苏格拉底至少已经预见到了这意味着整个希腊文明的陷落。但是面对如此险恶的政治环境，这些学者并没有陷入文化的绝望，他们纵情于对自然的欢乐恰恰证明了人类最优秀的生存能力，证明了人独立于命运的驱使，不屈从于环境的胁迫。"

我们总是会听到有人抱怨社会和现实不利于读书，这些抱怨也许是对的，但是如果因此而放弃自己的读书追求，把这当作自己不好好读书的理由，一定是错的。

布鲁姆说，在任何柏拉图式的对话中，其精神的底蕴几乎在人类任何地方任何时代都可以再现。当然这需要深思熟虑才能真正理解。

读书没有理想的大环境，也没有理想的小环境，任何时候任何地方都有不读书的理由，而任何理由都不是真正的理由。房间太冷，光线太强，声音太吵，蚊子太多，这样的抱怨不过是为自己开脱而已。有的人心情坏的时候不想读书，心情太好也不想读书，心情不好不坏时觉得没劲，还是不想读书。

曾国藩（1811—1872）曾经在一封家书里写道："苟能发奋自立，则家塾可读书，即旷野之地，热闹之场，亦可读书，负薪牧豕，皆可读书。苟不能发奋自立，则家塾不宜读书，即清净之乡，神仙之境，皆不能读书。"

不想读书，一年四季都可以不读："春天不是读书天，夏日炎炎正好眠，过了秋天又冬至，收拾书箱过新年。"

想读书的人却不肯浪费一切可得的时间，古人有利用"三余"的说法，"冬者岁之余，夜者日之余，阴雨者时之余"，其实是说凡得空闲，都可读书。

还有一首《四时读书乐》的组诗，生动绮美，情趣盎然，相传是宋元间学者翁森写的。明代书画大家文徵明（1470—1559）据此绘成《四时读书乐图》。这首诗可比那首四季不读书的"歪诗"更值得品味和欣赏——

山光照槛水绕廊，舞雩归咏春风香。

好鸟枝头亦朋友，落花水面皆文章。

蹉跎莫遣韶光老，人生惟有读书好。

读书之乐乐何如，绿满窗前草不除。

新竹压檐桑四周，小斋幽敞明朱曦。

昼长吟罢蝉鸣树，夜深烬落萤入帏。

北窗高卧羲皇侣，只因素稔读书趣。

读书之乐乐无穷，瑶琴一曲来薰风。

昨夜庭前叶有声，篱豆花开蟋蟀鸣。

不觉商意满林薄，萧然万籁涵虚清。

近床赖有短檠在，及此读书功更倍。

读书之乐乐陶陶，起弄明月霜天高。

木落水尽千崖枯，迥然吾亦见真吾。

坐对韦编灯动壁，高歌夜半雪压庐。

地炉茶鼎烹活火，一清足称读书者。

读书之乐何处寻，数点梅花天地心。

很困难，所以很快乐

"读书之乐何处寻，数点梅花天地心。"这境界令人不胜向往。

我们平常体会到的读书的快乐，说起来，也有不少差别。快乐是个用得非常多的词，其实快乐与快乐之不同，大可探究。

读书的快乐，一种情形是，从头读到尾，一路无阻滞，轻轻松松，舒心畅快。

人很容易陶醉和习惯于这种快乐。所以，一旦阅读中遇到障碍和困难，便觉得非常扫兴。这样一来，他在选择阅读对象的时候，就会下意识地避开有可能遇到较大障碍和困难的书。很多人通常评价一本书时，会说"很好读"，或者，"太难读了"，正是这种意识的流露。

读书的快乐，另一种情形，是克服障碍后困难之后获得的。这种快乐的性质、强度自然不同于没费力气就获得的快乐。这种快乐自然也与相应的阅读对象联在一起。

有的人用于阅读的时间也不算太少，譬如他每天要看好几份报纸，要到网上浏览各种各样的文字，还关注流行的作品，不仅知道谁是现在最受欢迎的作家，而且追踪阅读他的新作。时间长了，这样的阅读习惯也就养成了。这不就是读书吗？难道这里面有什么问题吗？

这里面还真有些问题。

不是说不要读报、上网、关心阅读时尚，而是，对于真正意义上的阅读来说，这是不够的，而且远远不够。不仅如此，这样的阅读习惯，还可能是一种坏的阅读习惯。因为这样的习惯把一些具有重要价值的书籍——经典著作，不经意地排除在阅读视野之外。

大科学家爱因斯坦（Albert Einstein，1879—1955）多次谈到古典著作对于现代人的意义，晚年他还写了一篇短文，《论古典文学》。他说："有的人只看看报纸，最多也不过再读一些当代作家的书，这种人，在我看来，正像一个极端近视而又不屑戴眼镜的人。他完全依从他那个时代的偏见和风尚，因为他从来看不见也听不到别的任何东西。一个人要是单凭自己来进行思考，而得不到别人的思想和经验的激发，那么即使在最好的情况下，他所想的也不会有什么价值，一定是单调无味。"古典著作为什么重要呢？"一个世纪里，具有清澈的思想风格和优美的鉴赏力的启蒙者，为数很少。他们遗留下来的著作，是人类一份最宝贵的财产。我们要感谢古代的少数作家，全靠他们，中世纪的人才能够从那种曾使生活黑暗了不止五百年的迷信和无知中逐渐摆脱出来。"

具有重要价值的不仅仅是经典作品，就是在当代的书里面，价值的差别常常也是非常明显的。很多读者口头上也承认（甚至心里也知道）一些书有重要的价值，却不去读它们——因为太难，太费力气，不好懂，不轻松，不好玩，等等，诸如此类的理由。

如果因为困难而放弃了读具有重要价值的书，那也就放弃了有可能从这些书中获得的更高、更大、更深的快乐。

看满版图画的周刊是不需要费什么力气的，那里头的艺术、科学，不都安排得连最漫不经心的人也一目了然吗？旅行、镭锭、飞机、政治、经济、医学、生物学，要什么有什么；而且一切棘手的刺都已经由别人拔去了。法国的哲学家阿兰（Alain，1868—1951）举了这个例子，他说你从这当中获得的快乐只是贫薄的快乐，而且"这贫薄的快乐令人讨厌——它败坏了那开头艰涩、终而美妙的精神事物的滋味。"

阿兰说，有一些人总是读二流的作品，因为这种作品一切都安排停当，让人一看就喜欢；可是，沉湎于这种轻易就能够得到的快乐，就丢失了再鼓一些勇气、再专心一点就可能获得的那种更高的快乐。人应该去追求"高卓的乐趣"。

"发现一种高卓的乐趣，还有什么比这经验更能使人提高的呢？"阿兰说，谁不在开头吃些苦，谁就一辈子愚昧无知。"蒙田是难的。正因为他难，才必须去认认他，到他的著作中去追踪他，去寻觅他，然后才能发现他。几何也是这样，通过七巧板来学，那可能是有趣的；但是，艰难的问题，给人的快乐会更强烈。就如读一本钢琴曲谱吧，开头的几课一点不觉得有趣，它首先要求懂得耐烦。这就是为什么你不可能使学生像尝蜜饯那样尝一尝科学和艺术的味道。人是靠辛苦的陶冶而成其为人的。他必须自己去赢得自己的真快乐，他必须自己配得上这快乐。先付后收，这是规律。"

书中的真正价值需要你去发现，这就像大自然中的黄金需要去发现一样。造化并没有把地球上所有的黄金都放在一个大家都知道的地方，谁要是想要，只要不费力地去拿就行。造化把黄金藏在大地上细小的缝隙里，谁也不知道在那里，要想发现，你就必须苦苦地挖掘。对待人类智慧的黄金也是同样的道理。英国的艺术批评家约翰·罗斯金（John Ruskin，1819—

1900）建议，当你遇到一本好书的时候，你要问一问自己："我是不是愿意像澳大利亚的矿工一样干活？我的丁字镐和铲子是不是完好无损？我自己的身体行不行？我的袖口卷上去了没有？我的呼吸正常吗？我的脾气好不好？"而且，干这种活，要坚持得时间长一些。你所探寻的黄金是作者的心灵或思想，他的文字就像岩石那样，你非得碾碎熔炼，才能有所收获。你的丁字镐就是你自己的心血、机智、学问，你的熔炉就是你自己的会思考的灵魂。不要指望不用那些工具和熔炼就能够把握优秀作者的思想，你需要最猛烈、最精心的打凿，需要最耐心的熔化，然后才能拾起一点真正的黄金。

而这个时候的快乐，就不再是贫薄可怜的了。

克服了困难所获得的快乐，是真正的快乐。克服了重重的困难，才能体会到很大、很高、很深的快乐。

书中的恒星

　　极少数的伟大作家被称为"作家的作家"，极少数的伟大诗人被称为"诗人的诗人"。仿照这一说法，极少数伟大的书也可以被称为"书的书"。

　　也就是说，这极少数的书，是无以计数的书的中心，许许多多的书围绕着它们，吸取它们的光辉和热量，共同构成了人类精神的浩瀚星空。

　　它们是书中的恒星。

　　刚刚开始自己读书的人不免会望洋兴叹，这么多的书怎么个读法。就是遵照爱因斯坦说的，去读古典作品，可光是古典作品也浩如烟海，不可能读得完。这就需要去探寻书的系统，找到系统中居于核心地位的书。从古到今无数的书并非杂乱无章地堆积在一起，书和书之间其实有条理、有头绪、有秩序。所以称有的书是"书的书"，意思是说这些书是绝大部分书的基础，离开了这些书，很多的书就失去了依附。这些书是真正原创性的（"原创"这个词现在经常用，譬如说某流行文化产品是原创的，其实真正原创的东西是不可能经常出现的，更不可能像流行文化那样大量生产），不依附其他的书，却对其他的书和人的精神生活产生了深刻、广泛和久远的影响。

举个例子来说，在现代中国，鲁迅（1881—1936）的著作就是这样的核心书。围绕着鲁迅的书，已经产生了大量的关于鲁迅的书的书，其数量远远超过了鲁迅著作本身；这些直接关于鲁迅的书环绕鲁迅著作形成了一个圆圈。在另外一个更深入的层次上，我们可以看到，还有数量更多的书，虽然没有以直接的形式谈论和研究鲁迅著作，却在思想和感受上受到鲁迅著作的极大启发或刺激，吸收和反射着鲁迅的精神，或者是表达与鲁迅精神有所差异和冲突的意见。这形成了一个更大、也更深刻的环绕圆圈。要理解二十世纪的中国，不去理解鲁迅恐怕是不成的，而要理解鲁迅，首先不是去看关于鲁迅的书，而是鲁迅本人的书。有不少人读了别人关于鲁迅的一两本书或一两篇文章，听了别人关于鲁迅的这样那样的书，就据此形成了自己对鲁迅的看法。这样的看法是不可靠的，你要自己去读了鲁迅自己的书才成。

这样的核心书，"书的书"，书中的恒星，数量是有限的，把它们当成必备的知识基础和思想基础，放

在较长的时间内（譬如，不一定在中学就读完和读懂《鲁迅全集》，但可以逐步读完和读懂）来仔细阅读，从实际来看不是不可行的。

有这样一个故事，是大学者陈寅恪（1890—1969）对人说的。他小时候去见历史学家夏曾佑（1865—1924），老人对他说："你能读外国书，很好；我只能读中国书，都读完了，没得读了。"陈寅恪非常惊讶，以为他老糊涂了。中国书怎么可能读完呢？过了很多年，等到陈寅恪也老了时，他才觉得夏曾佑的话有道理：中国古书不过是那几十种，是读得完的。

也就是说，中国古书中的恒星也就几十种，其他的书是以此为基础而成的，读懂了这几十种书，就掌握了最基本最主要的信息。

是哪几十种？没有留下记录。学者金克木（1912—2000）写文章说，有十部古书是汉代以来的小孩子上学就背诵一大半、一直背诵到十九世纪末的，它们是：《易》、《诗》、《书》、《春秋左传》、《礼记》、《论语》、《孟子》、《荀子》、《老子》、《庄子》。这十部书若不知道，唐朝的韩愈、宋朝的朱熹、明朝的王守仁的书都无法读，连《镜花缘》、《红楼梦》、《西游记》、《牡丹亭》里许多地方的词句和用意也难于体会。再往下，史书读《史记》、文学书读《文选》。一部书通读了，读通了，接下去越来越容易，并不那么可怕。想要了解西方文化，必须得有《圣经》的知识，这是不依傍其他而其他依傍它的，如果没有这个知识就无法读懂公元以后的书。要理解伊斯兰教世界的书，第一重要的是《古兰经》。西方文学茫无边际，但有几个文学家的书是不能不读一点的：荷马、但丁、莎士比亚、歌德、巴尔扎克、托尔斯泰，再加上一部《堂·吉诃德》。不要满足于这些书的提要和评论，要读这些书本身。

金克木的这份书目是开给现在的青少年的，希望他们"正课"别压得太重，考试别逼得太紧，多一点时间打好文史基础。可是，几乎谁都想象得出，大多数人看到这份书目会觉得不合适。要讨论合适不合适其实没法单单局限于书目本身，要涉及现行教育制度等多方面更大更复杂的问题，青少年阶段当然不必完全按照这个书目去阅读，但这个书目所包含的基本理念应该予以充分的重视，青少年阅读也应该建立起基础书、核心书、"书的书"的意识，否则空泛地阅读，无根地阅读，效果一定是不理想的。

说到书目，一直有人在开的，对于读者的一般性阅读也会有一定意义。但是，书目往往是开给很多人看的，而实际上任何一个读者都和另外的读者存在这样那样的差异。真正适合于自己的书目不大可能是别人开出来，而是需要自己去摸索，去寻找，慢慢形成自己心目中的理想书目。对于别人重要的书对于你不一定重要，你也许能够在一本书上体会到只有你自己才感受得到的意义。

一个人要有朋友，要有自己钟情的人，对于书，也是一样。也许别人可以帮助你去摸索，去寻找，但最终还是要你自己去找到，你自己去建立起感情。

"不懂"的召唤

书的分类方式很多,从与读者的关系上来看,无论是什么样的读者,总会碰到这么三类:一看就懂的,有些地方懂有些地方又不懂的,完全不懂的。

完全读不懂的,读了也白读,就暂时放到一边去吧。

很多人喜欢一看就懂的书,通常,明白易懂是评价一本书的一个重要标准。读这样的书几乎遇不到什么困难,读的过程很放松,也许还能得到不少快乐。

不过，你要想一想，为什么你会一看就懂呢？如果一本书从头到尾都没有理解上的障碍，那说明作者的认识和你的认识差不多是一样的，作者思考的内容、方式和能力也没有超出你多少，作者的想象和你的想象也不存在大的区别，甚至作者的叙述也符合你的习惯。你在阅读的过程中一点意外的情况都遇不到，你用不着精神紧张，你很放心，很轻松，最后，你读完了这本书。

读完了之后，你要想一想，你从这本书里获得了什么？你的理解能力得到了锻炼和提高没有？你的想象受到刺激和启发没有？你和没读这本书之前有没有一点点的不一样？

如果说读这样的书也能得到一些快乐，这种快乐主要是因为你通过书印证自己。"瞧，书里说的和我想的是一样的。"人当然需要通过别人、书或通过其他的方式来印证自己，可是如果耽溺于这种被印证的快乐，就很难突破和提升自己。说到底，这种快乐包含了虚荣的成分、自我满足的成分。

你读书，不会就为了这个吧？

能够给我们真正教益的，是那些不是一下子就可以完全懂的书。书中有自己不懂的东西，换一种说法就是，书中有超出自己的理解能力和想象能力的东西；再换一种说法就更清楚了：书中有可以提高自己的理解能力、启迪自己的想象能力的东西。

阅读高于自己已有水平的书，就像向高明的人请教。有的人排斥不容易读懂的书，某种意义上就如同见不得比自己高明的人。

在阅读的过程中你遇到了障碍，你的思考和想象能力受到了挑战。这个时候，你怎么办呢？你可以绕过去，或者干脆放弃，因为怠惰，因为怯懦，你对书中文字所发出的无声的召唤没有应答，你溜走了。如果是这样，那么你原来不懂的现在还是不懂，这本书对你还是没有意义。

你完全可以是另外的样子：文字无声的挑战和召唤让你的精神紧张、兴奋，你迎面走了过去。可能这只是一个很小的障碍，你没费多大的力，就走过去了；也可能这是一个很大的困难，你想克服它可是你失败了，于是你又想别的办法，再试，再再试，终于成功了。这个时候，你会感受到什么样的喜悦呢？也许最终你也没有把困难完全克服掉，没有完全弄懂书的全部涵义，经过艰苦努力你只是弄懂了一部分，就是这样，也值得高兴——毕竟，你懂了你原来不懂的东西，尽管只是一点点，可人谁不是靠一点点的积累来扩大和提高的呢？

如果能够坚持不断地积累和提高，若干时日之后，你再回头看这本你费了很大力气也没有完全读懂的书，说不准你会觉得，这本书很容易懂嘛——这个时候的你，和当初的你，已经不一样了。

所以，要不断地读那些自己不太懂的书，让自己不断面临挑战，让自己不断听到文字发出的无声的召唤——让自己不断地迎面走向获得提高的机会。

起死回生的一骂

　　熊十力（1885—1968）是二十世纪中国重要的哲学家，四十年代，有一个国民党的陆军少将叫徐复观，听到友人对熊十力的推崇和介绍，又在上司那里看到熊十力的著作《新唯识论》，大为佩服，就写了一封信，表示自己有志于做学问，希望得到指教。熊十力回信，讲了一番治学做人的道理。有一次，徐复观穿着陆军少将的军服到重庆北碚金刚碑勉仁书院拜见熊十力，请教应该读什么书。熊十力叫他回去读王船山的《读通鉴论》。

徐复观说早年已经读过了。

熊十力很不高兴，说："你并没有读懂，应当再读。"

过了一些日子，徐复观再去，告诉说《读通鉴论》读完了。

熊十力问："有点什么心得？"

徐复观觉得自己读得很认真很仔细，不免有些得意，说，书里有很多他不同意的地方，接着就一条一条地说起来。

还没等他说完，熊十力就怒声斥骂起来："你这个东西，怎么会读得进书！像你这样读书，就是读了百部千部，你会得到书的什么益处？读书是要先看出它的好处，再批评它的坏处，这才像吃东西一样，经过消化而摄取了营养。譬如《读通鉴论》，这一段该是多么有意义；又如那一段，理解得多么深刻。这些你记得吗？你懂得吗？你这样读书，真太没有出息！"

这一顿骂，骂得陆军少将目瞪口呆。

原来读书是先要读出书的好处！

"这对于我是起死回生的一骂。"徐复观明白了这个道理，"恐怕对于一切聪明自负，但并没有走进学问之门的青年人、中年人、老年人，都是起死回生的一骂。"

经过这起死回生的一骂，徐复观改变了读书的方法，后来成为一个有名的学者，著作等身，为重新检讨和弘扬中国文化做了出色的贡献，特别在台湾、香港等地产生了很大的影响。

读书如果只看坏处，就算你看得都准确，于自己有什么所得呢？英国哲学家培根（Francis Bacon，1561—1626）也告诫过："读书时不可存心诘难作者"。有的人喜欢争论，但为了争论而放弃从对方（不管是一个人，还是一本书）吸收营养的机会，就太可惜了。如果总是看不到对方的好处并使自己从中受益，自己不就一直停留在某个水平不能提高吗？

美国的哲学家、教育家艾德勒（Mortimer J. Adler，1902—2001）也谈到过这个问题，他的一些话是值得好好琢磨的：

把交谈当作争论的人不管正确与否，只想充当一个对抗者，只想以成功地表示反对来获得胜利。用这种精神来读书的读者，阅读的目的就是为了找出他能够反对的东西。对于那些爱好争辩的人来说，总会找到挑起争辩的事端的，不管你愿不愿意和他争论。

一个读者在自己的书房里私下和书本交谈时，他想做出在争论中获胜的样子不会受到任何阻碍。他可以控制整个局面。作者不在场，无法为自己辩护。如果读者想做的就是揭穿作者以满足自己的虚荣心，那是很容易做到的。他用不着把书读完就能做到，翻看一下前几页就足够了。

然而，如果他认识到与活着或已故的老师进行交谈的真正益处在于能够向他们学到东西，如果他认识到要赢得争论只有先获得知识，而不是把别人打倒，他就会知道无谓的争辩是毫无益处的。我们并不是说读者最终不应该表示不同意作者的观点或指出作者的错误。我们只是说，读者应该像准备反对那样准备赞同。无论他表示什么态度，他的动机只能是考虑知识的获取，即追求真理。

亲密与美妙，还有幸福

"爱读书"，"爱书"，我们经常会听到有人这么说，我们自己也会这么说。可是，虽然有不少的人一直在读书，甚至一生都在读书，遗憾的是其中的有些人终其一生也没有体会到和书之间的爱的关系。

什么是爱？爱是一种特殊的亲密的感情，美妙的关系，幸福的体验。爱书，爱读书，就是和书产生亲密的感情和美妙的关系，甚至因此而体验幸福。有些人读了一辈子书，与书打了一辈子交道，和书之间的关系不能说不好，可是这种好，一直停留在普通关系的阶段，友好，礼貌，保持着适当的距离，与亲密和美妙无缘，与幸福无缘。

二十世纪有一位重要的法国作家，叫格拉克（Julien Gracq，1910—2007），曾经谈到少年时代对一本书的强烈的爱。

十五岁那年，格拉克在一本文学教科书中读到有关司汤达的几行文字，大概说司汤达用字精确，擅长心理描写。这七八行介绍文字激发起他的好奇心，就要求父母给他买司汤达最著名的小说《红与黑》。

"几天后我就得到书了，是绿色封面的两卷本，我今天还偶尔去翻阅。每章的标题和题词令我惊喜（我对分成章节的书，每章的标题，尤其对章前引用的题词，天生有种偏爱）。刚一展卷，就有一股难以形容的欢快、放肆、狂热的劲头涌上脑袋，令我醺醺然；几页以后，我整个被迷住了。读完一遍，我立即从头开始，再读一遍。一而再，再而三。上高二那一年，这部书整整一年没有离开自习室里我那张课桌深处。五点半到七点半，与其说我在用功，不如说在吊自己的胃口；每晚七点半到八点，我打开这部神奇的书，在飞毯上就坐。这一学年年终，只要有人在我面前任意念出书中某句话，我能几乎一字不差背出接下去的半页文字。"

《红与黑》使这个少年大大突破了世俗之见，每天晚上打开这部书，他便置身于一种和平、宁静的智性与情感的反抗状态中，反抗人们向他灌输、而他曾经照单全收的东西，就像书中的主人公于连·索黑尔用读《回忆录》来反抗社会，反抗教条。可是这种反抗不带暴力，它是只向世俗之见的告辞。

"《红与黑》是我的文学初恋，一种野性的、心醉神迷的、排他的恋情，任何其他恋情都不能与之相比：我要回忆的是这个恋情本身，而不是它的对象（当然这个对象永远令人叹服）。……少男少女也会产生一种对文学的爱的冲动……奇怪的是，这种文学的爱的冲动竟是被一本如此老练、精明的书，一本与我当时的年龄不相称的书烧着的。它必定在我脸上留下几道深刻的、少年老成的皱纹……"

如果说在格拉克对书的亲密和美妙关系中突出了爱的强烈和它产生的力量，在别的人那里也许会突出其他的特征，因为爱本身是一个无比丰富的世界。

德国现代思想家瓦尔特·本雅明（Walter Benjamin，1892—1940）是个一生都与书处在亲密和美妙关系中的人，用他自己的话来说，他从来不是在阅读书籍，而是住在书里面，在文字与文字之间，在行与行之间闲荡。他曾经描述过下面这样的阅读情形，我们可以看作是他自己的童年经验，也是一幅特征鲜明的自画像：

"整整一个星期你沉浸在书籍柔软的纸页里，那些文字就像秘密地重重叠叠一刻不停地环绕着你飞舞的雪花，你带着无限的信任走进去。书中的静谧愈来愈深地吸引着你，而书的内容似乎无关紧要，因为阅读的时候你仍旧在床上编着自己的故事。孩子总是沿着半隐藏的途径寻找自己的道路；阅读时他甚至两手堵着耳朵。桌上的书对他来说总是太高，而且总有一只手遮在上面。对于他来讲，书中英雄的历险甚至可以在旋转的字母里呈现，就像飞舞的雪花里隐藏的人物和故事。他和正在讲述的故事里的人物呼吸着同样的空气，和他们经历着同样的生活。他与书中人物的关系要比成年读者紧密得多。他被书中人物的命运深深地感动了，那种强烈的感觉是难以用语言形容的。从床上起来时，他被阅读的大雪覆盖得异常苍白。"

我们再看看英国作家乔治·吉辛（George Gissing，1857—1903）对书的美妙感情吧——请特别注意一下他所说的书的"气味"：

"我对自己每一本书的气味都很熟悉，我只要把鼻子凑近这些书，它们那散发出来的书味就立刻勾起我对往事的种种回忆。就说我的那些吉朋的著作吧，那是八卷精致的梅尔曼本。我曾经连续不断地读啊，读啊，读了三十多年。我丝毫无需翻动它，只要闻闻那质地精美的纸张香味，就能回想起当年我把它作为奖品来接受的幸福情景。还有我的那些莎士比亚著作，它们是剑桥版本，也有一种能惹起我追忆往事的香味。这套书是属于我父亲的，当我还不能够读懂它们的时候，常常有幸被允许从书架上抽出一本来看看。这时我总是怀着虔敬的心情，将它一页一页地翻弄着。那些书散发着一股古老而奇特的幽香。每当我将它们捧在手中的时候，总有那么一种莫可名状的感觉，由于这缘故，我很少读这一套莎士比亚著作。而当我捧读另一套吉朋的书时，眼里总是闪烁着兴奋的光芒，因为我买这套书时，简直就像买一件价值连城的奢华物一样，甚至还有过之而无不及，所以我对这套书格外偏爱，该知道我是付出了多大的牺牲才将它得到手的啊。"

阿根廷作家博尔赫斯堪称迷恋书籍、享受阅读的典范。可是后来他双目失明。当他不能用眼睛看书的时候，他和书之间还会存在美妙的关系吗？是的。"我仍然没有把自己当成盲人。我继续买书，继续让书堆满我的家。前些日子有人送我一套布罗克出版社一九六六年出版的百科全书，我感觉到这套书在我家里，这是一种幸福。这一套字体潇洒、共有二十余卷的百科全书在我家里，觉得这是一种幸福。只是我不能阅读，里面有许多我看不见的地图和插画。尽管如此，这套书总在我家里，我感觉到书对我具有亲切的吸引力。我想，书是我们人类能够得到幸福的手段之一。"

普通读者

　　有的人读书很用功，甚至可以说是发奋的，可是他感觉不到读书的乐趣，他读书是为了自己的目标、追求，为了自己将来的成就。

　　你很难说这样做不对，但这样做付出的代价太大了。什么代价？读书乐趣的丧失——更不要说与书建立亲密和美妙的关系了。这是多大的代价呢？一个人一生读书，就应该会有一生的乐趣相伴随。一生的乐趣，这个代价还不够大吗？

这乐趣的丧失，是因为功利性太强了。单单为了应付考试而读书，是叫人头疼的事；可是，如果只是为了将来成为一个作家、一个学者、一个一定要在某个方面取得成功的人而读书，径直朝那个明确的目的奔去，读书也同样会变成一件苦差事。

这并不是说要放弃个人的追求和目标，而是说，即使你有强烈的追求欲望，在读书的过程中，也应该怀着一颗平常心，充分吸收和享受读书给人带来的多方面多层次的丰富益处，而不只是要那一点点只跟目标有直接关联的东西，这样，说不定更可能接近和达到目的地。重要的是，在这个过程中，读书本身变成了快乐的事，而不只是在经过漫长而痛苦的读书过程达到目的之后，人才快乐。

再说，人也不是一定要成为有很大成就的人才读书的，读书应该是日常生活中快乐的事，谁都有权利追求和享受这份快乐，并不是有成就的人和想成为有成就的人才有特权。

有的读书人享受不到读书的乐趣，一个原因是他太看重自己了，他要么是因为自己已经取得了一些成绩而觉得自己跟普通读者不一样，要么是因为预期将来的成就而觉得自己很特别，反正他自觉不自觉地把自己当成了特殊的读书人，以区别于平凡的多数读者。他不愿意怀着一颗平常心面对一本书，他要努力使自己拥有（或者假装拥有）一颗不平常的心，他不要做普通读者。

这样一来，书向多数普通读者敞开的大门大窗就向他这个不普通的读者关闭了。如果他有超人的才华和能力，也许他可以找到属于他个人的窄门小窗——也许，他最终什么也没找到。

英国著名女作家弗吉尼亚·伍尔芙（Virginia Woolf,

1882—1941）是二十世纪文学中的一个重要人物，是一个读书广泛而深入的人，她把自己对于书和文学的想法和意见就叫做"普通读者"的想法和意见，她有本很有名的书，书名就叫《普通读者》。你如果以为这不过是故做姿态的谦虚，可就错了。因为，怀着平常心的普通读者常常从书中获得的更多。

不妨就看看她写的这篇题为《普通读者》的短文吧：

"在那些设备寒伧，不配称为图书馆，而收藏书籍倒也不少，可供平民百姓阅览求知的地方，很值得把约翰生博士《格雷传》里的一句话特别抄写出来，引起注意：'能与普通读者的意见不谋而合，在我是高兴的事；因为，在评定诗歌荣誉的权利时，尽管高雅的敏感和学术的教条也起着作用，但最终说来应该根据那未受文学偏见污损的普通读者的常识。'这句话把普通读者的素质加以阐明，赋予他们的读书宗旨以一种神圣意味，并且使得这么一种既要消耗大量时光，又往往看不出实效的活动，由于这位大人物的赞许而受到认可。"

"约翰生博士心目中的普通读者，不同于批评家和学者。他没有那么高的教养，造物主也没有赏给他那么大的才能。他读书，是为了自己高兴，而不是为了向别人传授知识，也不是为了纠正别人的看法。首先，他受一种本能所指使，要根据自己能捞到手的一星半点书本知识，塑造出某种整体——某位人物肖像，某个时代略图，某种写作艺术原理。他不停地为自己匆匆搭起某种建筑物，它东倒西歪、摇摇欲坠，然而看来又像是真实的事物，能引人喜爱、欢笑、争论，因此也就能给他带来片刻的满足。他一会儿抓住一首诗，一会儿抓住一本旧书片断，也不管它从哪儿弄来的，也不管它属于何等品类，只求投合自己的心意，能将自己心造的意象结构圆满就成，又总是这么匆匆忙忙，表述又不准确，而且浮浮浅浅——所以，作为批评家来看，他的缺陷是太明显了，无须指出了。但是，既然约翰生博士认为，在诗歌荣誉的最终分配方面，普通读者有一定的发言权，那么，将自己这些想法、意见记录下来，也还值得一做，因为，它们本身尽管微不足道，却对于那么一件大事还能起到一定的影响。"

伍尔芙已经把她作为一个普通读者的想法和意见写成文章、编成书了，如果她不是怀着一颗普通读者的心，她也许不会读得那么多那么好，因为在书面前摆架子书也感觉得到，这样就很难产生融洽的交流，书也不是无条件地对谁都完全敞开的；如果她不是怀着一颗普通读者的心，她也许也不会把那些想法和意见写出来和普通读者交流，并且写得那么好。

工具书不是工具书

字典、词典、百科全书，这一类的东西，我们通常叫做工具书，也就是说，它们是帮助我们克服阅读障碍的工具，如果没有遇到障碍，我们就想不起它们，就可以完全不理睬它们。它们只是辅助性的工具，用不着的时候就不用，难道这有什么不对吗？难道工具也会有感情，觉得使用者都很实用，觉得自己常常遭受冷落？

其实工具书并不仅仅是工具，它们是一种特殊类型的书，一点也不张扬地包含着丰富的能量。你如果把它们看得很低、很简单，它们所散发出来的能量也就很少，你能够从中得到的也就很少。如果你把一部词典仅仅当作一本发音指南和释义手册，你当然也就不能认识到词典里含有在语言的生长、发展过程中所形成的富有启发性的历史知识；如果你使用百科全书就是为了查证一些简单的事实，无疑大大降低了它的效用。

这种特殊类型的书，可查，也可读。一般人会觉得读词典、读百科全书是不可思议的事，那多半是因为没有体会到其中的乐趣和益处。曾经见过一篇题为《百科全书之恋》的文章，那个作者就乐此不疲地翻阅工具书。文章说，百科全书或百科全书式的辞书最大的特色是包罗万象，具体而微地将诸多知识系统便捷地浓缩在一起，让你"一翻解万难，俯仰终宇宙"。它们是附有千万把钥匙的宝库，让你从一个个钥匙孔管窥天下，随时可以得其门而入，寻宝而回。"我觉得人太容易被日常的琐事所厌烦，被已知的经验所囿限，正需要百科全书这类的钥匙，时时为我们开启求知之欲，快乐之门。"

如果没有特殊的需要或个人的特别喜好，这种类型的书不必从头读到尾，单是你感兴趣的部分，就够丰富的了。假设你对音乐感兴趣，翻看的是大英百科全书，那么贝多芬就有六十多页，莫扎特七十多页，巴赫父子一百多页，读一个条目跟读一本小册子差不多。

不过毕竟喜欢"读"词典和百科全书的人是少数，大多数人还是"用"它们。但怎么用，由于认识不同，也就存在很大差别。你在用的时候是不是就只把它们当作工具呢？如果只当作工具，会因此而忽略、错失什么吗？忽略、错失的，是不是基本的、重要的东西？

因为词典和百科全书追求反映基本的事实和知识，追求真实、准确、客观、公正，所以显得面目漠然，看不出喜怒哀乐，看不到鲜明的个性和特征。很多人据此认为这样的书是单调乏味的"死"书，是没有和人的"活"气相联的书。实际情形却是，这些特殊类型的书的编纂者，以牺牲和藏匿自己个性和特征的方式隐身于书中，为的是使书更好地为你所用。

有一位翻译家慢慢领悟到了这一点。他说："在我看来，词典是名副其实的活词典。当我翻查词典，我并不是在翻查一本工具书，而是就一个疑难或初步想法向一位专家请教。译者的疑难或初步想法经过与各位专家的讨论或得到专家明确或较可靠的回答之后，便获得一种客观性，译者再在这个客观性的基础上，权衡、掂量，最后做出决定。"

这位翻译家看到了词典当中有人，这是一个很重要的发现。因为这个发现使得词典的使用者和词典之间建立起了亲切的关系，像人和人之间一样的亲切关系。

"当专家回答不明确和不可靠甚至有错误的时候，译者便加入讨论，并邀请另一个或多个专家小组（借助另外的词典），伸张意见，反复磋商，做出修改：这也是译者不照搬词典的时候。即使译者不照搬，事实上也已吸取了专家们很多有益的初步意见和想法。"

和词典、百科全书建立起亲切的关系，在一个很重要的意义上是理解那些隐身其中的编纂者，他们保持沉默，他们的原则和美德是奉献而不声张，他们是被选中的文明的维护者、文化的承传人。

在面对书籍的时候，我们往往更愿意去探究那些声名显赫、个性突出的作者的经历和心灵，而忽略像词典和百科全书的编纂者那样的无名英雄。

　　"如果我有什么值得张扬的自以为是，那就是，我对各种词典尤其是英汉词典的编纂者，常怀感恩之情。偶然翻至版权页、前言，尤其是编纂者名单，我总会不自觉地看下去，读下去。有时我想，当我的目光徘徊在这些名字中间的时候，尤其是当我的目光被一个个在编纂过程中病逝的、用长方形框框框住的、像墓碑一样的名字所吸引的时候，我心中响起什么样的声音，它包含着什么样的讯息？我想，是感恩。"

"世界上有那么多我不要看的书"

当代大学者钱锺书一生读书无数。民间风俗说，小孩过周岁的时候"抓周"，一生的命运与抓到什么紧密相关。钱锺书抓了一本书，因此取名"锺书"。他的一生果然是与书相伴的一生。

钱锺书的妻子杨绛说，钱锺书读书像馋嘴佬吃美食：食肠很大，不择精粗，甜咸杂进。极俗的书他也能看得哈哈大笑。戏曲里的插科打诨，他不仅且看且笑，还一再搬演，笑得打跌。精微深奥的哲学、美学、文艺理论等大部头的著作，他像小孩吃零食那样吃了还要吃，厚厚的书就一本本被他吃完了。诗歌更是他喜好的读物。他还有个特别的习惯是读重得拿不动的大字典、辞典、百科全书，他不仅挨着字母一条一条细读，见了新版本，还不嫌其烦地把新条目增补在旧书上。

就是这么一个嗜书如命的人，也有很多书不要看。请看这么一个有意思的故事。

钱锺书到美国访问的时候，去参观国会图书馆，图书馆里的人很为所藏的大量图书而骄傲，不禁有得意的神色，同去参观的人也都不停地惊叹，只有钱锺书一个人默不作声。图书馆里的人问他有什么观感，他忍不住笑着说："我也充满了惊奇，惊奇世界上有那么多我所不要看的书！"那人没想到钱锺书会这样回答，一愣之后，大笑起来，说："这是钱教授的风趣了！"

这不仅是风趣。不但客观上人不可能读完所有的书，主观上，人也应该为自己设立一个不滥读的原则。杨绛描述钱锺书读书，好像给人以不加选择的印象，其实这是不可能的。钱锺书读书那么广博繁杂，尚且有许许多多书不要看，我们也不能不对自己的阅读加以限制，要有选择的意识。

人常说，要多读书。但这并不是说读得越多就越好，单纯地追求阅读数量并不真正解决问题。博览群书也不是没边没沿地去读，知识的种类繁杂，读书杂一点无妨，可是杂到没有中心，什么都知道一点，什么都知道得不多不深，就不可取了。

人还常说，要多读好书。这就涉及书的质量和价值，人的精力和时间没有必要耗费在质量低劣、没有什么价值的书上。德国哲学家叔本华（Arthur

Schopenhauer，1788—1860）曾经愤激地说，有无数的坏书，像蓬勃滋生的野草伤害五谷那样使读者浪费时间、金钱和精神，可恶又狡猾的文人巧妙地引诱人来读时髦而平庸的作品，"这些书的读者真是可怜极了，他们以为读那些平庸作家的新作品是他们的义务"。即使你能够免除这个问题，不受坏书干扰，仍然还有问题存在，这就是，好书你也读不完。怎么办？世界上有很多有意义的事情值得去做，但你却不可能都一一去做，你只能做你能做的、喜欢做的、做得好的，对好书也要根据自己的情况去选择。

从另外一个角度来说，读书的目的不仅仅是为了知道很多东西，更重要的是能够受到启迪，学会理解和思想。也就是说，不能停留在仅仅接受信息和记住信息的层次上。有的人片面追求读得多，一个原因就是把获得信息看得过重，而不注意发挥和提升自己作为一个读者的主动的想象、理解、分析和思想的能力。这样的话，即使读了很多书，即使记住了书里的东西，却不能明白其中的真义，像通常说的，知其然而不知其所以然——如果形成了这样一种阅读局面，可不是一件多么好的事情。

通常我们以为，知道得越多就越有助于理解。其实并不是这样，知识并不是那么机械地成为理解的前提。信息过多和信息过少一样，常常成为理解的障碍，更常常成为想象的障碍。有人说现代人淹没在信息的海洋中，理解和想象的能力说不准要退化了——未必就没有一点道理。

我们总是会碰到这样的人，书读得很多，但其实读得很差；有的人书读得不怎么样，却书呆子气十足。我们要做读书人，但最好不要做这样的读书人，所以要听听这些不那么中听的话：

法国思想家蒙田（1533—1592）说："初学者的无知是获得知识以前的无知，而博学者的无知是获得知识以后的无知。"第一种是不会阅读不去阅读的无知，第二种是胡乱读了许多书的无知。英国诗人蒲柏（1688—1744）把第二种人称为读书很多的傻瓜。话说到这个程度已经非常难听了，但这不是话难听的问题，从来就有那么一些人，自以为博学（因为读了很多书）实际上却挺浅薄的。

　　想通了这个道理，就会明白钱锺书随口应对的那句话，不单单只有"风趣"的意味。

　　想通了这个道理，也就明白，不仅对于钱锺书来说，世界上有那么多的书不要看，其实每一个读书人也同样应该说："世界上有那么多我不要看的书。"

书的侦探

你在书店里，或者是在图书馆里，拿起一本书，你对这本书还没有形成什么印象，不能肯定这本书是否值得买回去或借回去，以便仔细地阅读，这个时候，你就需要在短暂的时间里进行略读，做出最初的判断。就是在你自己的书房里，你打算仔细阅读一本书了，在一个字连着一个字读下去之前，也需要略读，对全书有一个基本的概念和把握。

你需要前后翻翻，看看书的介绍，看看序言和后记，从而了解书的内容范围、作者的立场观点；你应该浏览一下目录，这就好像旅行前看路线图一样；你可以从目录中寻找你感兴趣的章节，读上几行或者一两段；如果你愿意，你还可以随便挑出一两段来读，开头的、结尾的、中间部分的，都可以。在做这些的过程中，对于这本书的印象和判断就在形成之中了。

这个过程给人的感觉似乎很随意，但你如果认为不需要全神贯注就能够很好地完成这个过程，就错了。这个过程要求在有限的时间内迅速了解一本书的基本情况，不专心、不认真是很难形成可靠的印象和判断的。

全神贯注才能保持应有的警觉和敏感，因为你要发现有价值的目标，寻找可以进一步探究的线索，排除没有意义的地方，避开干扰，等等。要做到这些，你得像一名侦探一样才成。略读，某种意义上就是做书的侦探。

　　一直有这样的读者，他们读书只读"正文"，不读序言和后记；有人读完一本书之后不知道书的作者是谁，更不注意书是哪个出版社、什么时候出版的；还有的人就太过分了，他们读完一本书却不能准确地说出书名。这都是一些不好的习惯。因为这些并不是可有可无的东西，它们常常能够提供"正文"所不能提供的重要信息。这些信息应该是在略读的时候就掌握的。令人奇怪的是，有的人在费了很大的力气、很仔细地读完一本书之后还对此视而不见，这不仅没有书的侦探的警觉和敏感，连一般的读者应有的注意力也达不到。

　　略读是跳着读，因时间所限有意把很多内容漏了过去。准确地说这只能算真正进入阅读状态的准备阶段。

接下来的阅读又有粗读和细读之分。这个通行的划分，也有道理，也没有道理。

为什么说没有道理呢？

一本书如果值得去读，那你就仔细地去读；如果不值得去读，那就干脆不要读。不要指望通过粗枝大叶的方式去获得真正的价值。这样一来，就没有什么要粗读的书了。这个想法很可能被认为是过于极端，因为不同的书，价值的大小不一样，对价值不同的书不能平均用力。可是，我的想法是，你要获得很小的价值也需要十分仔细和认真才能达到；至于平均用力的问题，其实是不存在的，价值不同的书，虽然你都是用很仔细很认真的态度和方式去对待的，读的时候却自然会付出与书的要求相对应的不同程度的努力。

而粗读呢，不仅容易漏掉那些不太显眼的不大的价值，而且常常会漏掉不太显眼重要的价值——重要的价值往往隐藏在字里行间，甚至漏掉显眼的重要价值。

有的人喜欢读摘要、梗概、名著浅述、精华节选一类的东西，以为这样能够省时省力，以少胜多。恐怕没有这样便宜的好事。不能说这一类的东西就不可读，但如果关涉值得一读的好书，这一类的东西就大大不可代替阅读原书了。蒙田说，"任何好书的摘要，都是愚不可及的。"如嫌此话过激过重，那么另一种说法应该能够接受：对好书的这些简化处理，摘要、梗概、浅述、节选之类，都是打了折扣的商品，虽然便宜，但你从中获得的智慧和享受，也都是七折八扣的。喜欢买折扣处理品的人往往光想着自己得到的便宜，没想到自己因此而失去了什么。

有的阅读理论认为，对重要的书，要先粗读，再细读，这样粗读和细读就不是截然分开的两种阅读方式，而是联系在一起的、有先有后的方式。从我个人的阅读经验来讲，这样的想法也有问题。当然有的书我会反复阅读，可是这样的书毕竟是极少数，绝大多数书一生只会读一遍。以前，我读到一本好书的时候，边读边就在想，这么好的书，等这一遍读完，再读一遍。有了这样的思想，本来该仔细去体会、去琢磨的地方也没有好好去体会、去琢磨，该解决的问题也没有费力去解决，所有的问题都留到第二次细读的时候去解决吧。可是，再也没有第二遍了。会有各种各样的原因使你不去读第二遍，其中特别重要的是，你的好奇心被第一遍阅读满足得——同时也可以说是消耗得——差不多了。

如果你真打算反复读一本书，最好是，第一遍是细读，第二遍还是细读，还有第三遍第四遍的话，仍然是细读。

那么，粗读就真的没有道理，真的不需要吗？

我在理论上反对粗读，在实际生活中却觉得真需要粗读。有的时候，你不得不去面对这样的阅读材料：不值得去读，却因为这样那样的原因不能不读。这个时候，就粗读吧。要说粗读重要，那是因为几乎每个人都不可避免地要遇到这样的时候。

和写书的那个人见面，还是不见

　　钱锺书曾经在电话里对一位求见的英国女士说："假如你吃了个鸡蛋觉得不错，何必认识那下蛋的母鸡呢？"这句俏皮话经杨绛披露后，引用率还真不低。

　　二十世纪的"新批评"理论，强调对于文本的细读；至于文本的作者，还是要想办法"隔开"，否则就可能受其影响，走入迷途。"新批评"提醒，来自作者的"意图的谬误"，可要当心。

　　但话又说回来，杨绛说钱锺书那样"既欠礼貌又不讲情理的拒绝"，让她"直耽心他冲撞人"，所以写了《记钱锺书与〈围城〉》。这或者可以解释为对那些不认识钱锺书却又很想认识的读者的一种补偿？无论如何，对于想认识"下蛋的母鸡"的人，多多少少是一种满足。

两千多年前，孟子有言："颂其诗，读其书，不知其人可乎？"这句古训，也可以拿来作为认识"下蛋的母鸡"的理由。

当然，"知"，或者"认识"，并不是求见一面；就算见上一面，也未必就能达成"知"或者"认识"。况且绝大部分经典著作的作者，和读者时空遥隔，没有时光倒流机和空间穿梭器，徒叹奈何。更何况在今天，求见拜访，差不多是追星族的行为，读书人与字纸相晤，怎么可以同流于粉丝与明星面对面。

不过，所有这些理由都不能泯灭与伟大作者接触的愿望。如果有这样幸运的事情发生——事实上，这样的事情并不罕见——会是什么样的情形？可能会有什么样的结果？

约瑟夫·布罗茨基多年后回忆他青年时代与前辈诗人安娜·阿赫玛托娃（1889—1966）的见面时，早已在世界诗坛盛誉加身，也许这样的时候更能让他意识到那些会面的意义。"我说过，与阿赫玛托娃的每一次会见对于我都是极为出色的体验。这时，会切身感受到遇上了一个比你优秀的人。优秀得多。和用一种语调改变了你的人在一起。阿赫玛托娃仅凭嗓子或一扬脑袋就将你转化成人。我想，无论以前或以后都不会发生类似的现象了。也许当时我还年轻。发展的阶段不会重复。和她聊天，或不过和她喝茶，喝伏特加，你很快就变成基督徒——一个基督教意义上的人——比阅读有关的文本或进教堂更有效的。"

这是一种无与伦比的体验，发生在文本之外，带有某些神秘性，却也是最切实的。所以布罗茨基会从不同的角度，反复地谈到与阿赫玛托娃的会面。"我们接近她不是为了赞扬，不是为了文学的好评或者为了对我们文学的期许，至少不是我们全体，我们走向她，是因为她使我们的心灵在活动，是因为她的在场令你仿佛否认自己，否认了你处的心灵的、精神的——我不知道怎么称呼它——水准，你会为了她所使用的语言而否认你与现实交流时所使用的'语言'。"

与伟大的作者会面，有时候情形可能变得比较复杂，比布罗茨基体验的还要复杂。

苏珊·桑塔格（Susan Sontag, 1933—2004）写过一篇题为《朝圣》的小说，里面的女主人公和作家本人在精神成长上具有密切的相似性。一个早慧的高中生，十四岁，读书和音乐让她进入忘我的状态。

一九四七年的一天，她买到一本《魔山》。"在整整一个月的时间里，这本书都在我的房间里，我几乎是一口气把它读完的。我本来想细嚼慢咽地读这本书，但兴奋和激动使我不能这样做。在读到 334 页到 343 页，汉斯·卡斯托普和克拉芙蒂娅·乔查特谈爱情的时候，我还是放慢了速度。他们说的法语，我没有学过法语，但我不愿意跳过这一段，于是我买来一本法英词典，一个字一个字地查阅他们的对话。读完了这本书，我实在舍不得放下，就以读这本书应该用的速度，每天晚上朗读一章，又从头到尾把它重读了一遍。"

她把书借给朋友，朋友提议："我们为什么不去看看他呢？"那个时候，《魔山》的作者托马斯·曼（Thomas Mann，1875—1955）从希特勒统治的国土流亡美国，正居住在同一座城市里。

这个提议马上让她的阅读喜悦和对作家的敬慕

之情，变为羞愧和难为情。"我有他的书。"——"我不想和他见面。"——可是朋友已经通过电话约好了。"我在忐忑不安中度过了一个星期。我将被迫去见托马斯·曼，这似乎是一件极为不妥的事情，而他要浪费时间来会见我则是一件显得十分荒唐的事情。"

这一天终于来了。"我对他充满敬畏，他就在我的面前，这使得我在开始的时候只看到了他而看不到别的东西。现在我开始多看到一些东西了，例如，他那显得有点凌乱的桌子上的东西：钢笔，墨水台，书籍，纸张，还有一套装在银框里的小照片……此外便是书，书，书，几个从地板到天花板的大书架上面全都堆满了各种各样的书。和托马斯·曼在同一间屋子里，这真是一个令人激动，令人惊异的伟大事件。但是，我也感到了我所看到的第一个私人图书馆对我的诱惑。"

整个的会面过程——谈话，喝茶，吃小点心——

因为敬畏和难为情的交织而让这个女孩内心紧张，甚至她都巴不得赶快逃掉。"我现在身处文学世界的觐见室里，我渴望生活在这个世界中，即使是做一名地位最卑微的公民（我根本没有想到告诉他我想当作家，这和告诉他我在呼吸一样毫无意义。我在那里——如果我必须到那里的话——是作为一个崇拜者，而不是想要和他平起平坐）。我在这里见到的这个人只会说一些格言警句，虽然他就是写托马斯·曼的书的那个人；而我说出的都是一些傻乎乎的话，虽然我的心里充满了复杂的感情。我俩都没有处于最佳的状态。"

多年以后，她也成了一名作家。终于，她可以为当年自己的敬慕和难为情在精神成长中找到准确的位置，找到它们所开启的未来的可能性。"我现在仍然能感觉到自己从令人窒息的童年中解放出来时的兴奋和感激。是敬慕之情解放了我，还有作为体会强烈的敬慕感的代

价的难为情。那时我觉得自己已是个成年人，但又被迫生活在孩子的躯壳里。后来，我又觉得自己像一个有幸生活在成人的躯壳里的孩子，我的那种认真热情的品质在我的童年时期就已经完全形成，它使我现在还继续认为现实还未到来，我看到在我的前面还有一片很大的空间，一条遥远的地平线。这就是真实的世界吗？四十年以后，我还是像在漫长而累人的旅途上的小孩子一样，不停地问着'我们到了吗？'我没有获得过童年的满足感，作为补偿，我的前方总是呈现着一条满足的地平线，敬慕的喜悦载着我不断向它前进。"

一个害羞、热情、陶醉于文学的女孩和一个流亡文学家的会面，变成了一次朝圣。朝圣，并非只是当时的强烈体验，时过境迁，那种强烈体会的敬慕的喜悦和难为情，仍然有能量释放出来，把精神的发展推向现在和将来。

重　读

人生太短，好书太多，顾了这头顾不了那头。

有些读过的书，常常引起我们的怀念，这怀念，有时像怀念一位老朋友，有时像怀念一段刻骨铭心的经历，有时又像怀念一件自己做过的事情，回想起来觉得当初没有做得尽善尽美，如果有机会再做一次，也许会更好一些吧。

可是，有更多的没有读过的书，在等待着自己去打开。

著有《四季随笔》的乔治·吉辛，曾经惆怅地慨叹道："唉，那些没有机会再读一遍的书哟！"

这似乎是两难的事：去探寻新的未知的领域，获得未曾有过的经验，还是恋恋不舍旧日情景，不时地回顾和重温？

其实在一定程度上，这个问题是假问题：这两者并非就是势不两立、非此即彼的。

就像人不仅需要不断开拓的经验一样，人也同时需要怀念的感情，需要多种形式之间恰当的平衡和丰富的和谐。这是不断去读没有读过的书的理由，同时也是去重读旧书的理由。

在另外一层意义上，读一本已经读过了的书，并不仅仅是为了怀念的感情需要，如果你能够从它那里不断发现以前未曾读出的新东西，其实你就是在读一本新书。

一本好书，它的丰富的内涵不是一下子就能够穷尽的，需要你去反复地探寻、一再地挖掘。还有，作为读者的你，一直处在变化过程中，在不同的阶段读同一本书，会读出不同的东西。像鲁迅的书，中学时读，大学时读，人到中年时读，老年时读，从中获得的感受，一定会有相当大的差异。

弗吉尼亚·伍尔芙曾经写道，她每年重读《哈姆雷特》时都会把感想写下来，"这实际上便是在记录自己的传记，因为一旦我们对生命所知更多时，莎士比亚就会进一步评论我们对世界的理解。"

面对真正的好书，你会发现奇妙的事情：当你经过一个成长阶段之后，重新打开你过去读过的优秀篇章，这时，你不免有些惊讶——你看到了以前没有看到的新事物，体会到了以前没有体会到的新感受，激发起了以前没有激发起的新思想。你觉得，这本书仿佛在和你一起成长。或者更准确地说，真正的好书在等待着你成长，你每达到一个新的境界，它都会向你敞开新的智慧空间。

古希腊哲学家赫拉克利特（Heraclitus，约前540—约前480）说人不能两次踏进同一条河流。因为河水不断流淌，不是原来的河水；而人也在不断变化，不同于原来的那个人了。这也正适合于说一个人和他重读的书之间的关系：每次重读，我们发生变化，书也在发生变化，词语的含义也在发生变化。

黑塞说过这样的意思：每一位思想家的每一部著作，每一位诗人的每一个诗篇，过一些年都会对读者呈现出新的、变化的面貌，都将得到新的理解，在他心中引起新的共鸣。他举了自己读歌德的例子：

"我年轻时初次读歌德的《亲和力》，只是似懂非懂，现在我大约第五次重读它了，它完全成了另一本书！这类经验的神秘和伟大之处在于：我们越是懂得精细、深入、举一反三地阅读，就越能看出每一个思想和每一部作品的独特性、个性和局限性，看出它全部的美和魅力正是基于这种独特性和个性——与此同时，我们却相信自己越来越清楚地看到，世界各民族的成千上万种声音都追求同一个目标，都以不同的名称呼唤着同一些神灵，怀着同一些梦想，忍受着同一些痛苦。在数千年来无计其数的语言和书籍交织成的斑斓锦缎中，在一些个突然彻悟的瞬间，真正的读者会看见一个极其崇高的超现实的幻象，看见那由千百种矛盾的表情神奇地统一起来的人类的容颜。"

这一段话，你是不是不能全懂？前半部分好理解，后半部分是什么意思呢？

我想，在你读过很多很多书，并且反复读过其中的几种之后，如果你还记得这段话，也许就能够很深刻地理解了。真希望我们都会有"一些个突然彻悟的瞬间",目睹伟大著作里的崇高幻想和丰富统一的人类容颜。

慨叹的吉辛无限惋惜不能够和那少数的百读不厌的书重逢,他说得是那么情真意切:"温雅的安静的书,高贵的启迪的书:那些值得埋头细嚼,不仅一次而且可以重读多次的书。可是我也许永无机会再将它们握在手里一次了。流光如驶,而时日又是这样的短少。也许有一天,当我躺在床上静待我的最后,这些被遗忘的书中的一部会走入我彷徨的思索中,我便像记起一位曾经于我有所助益的朋友一样记起它——偶然邂逅的友人。这最后的诀别之中将含着怎样的惋惜!"

我们早一点意识到需要反复读一些书,也许可以少一点吉辛式的感慨和惋惜吧。

墨西哥诗人奥克塔维奥·帕斯（1914—1998）年轻的时候曾经去访问过美国前辈诗人罗伯特·弗罗斯特（Robert Frost，1874—1963），弗罗斯特说他十五岁时写第一首诗，"我那时正在读普雷斯科特，也许是阅读他的书使我想到你们的国家，你读过普雷斯科特的书吗？"

"那是我祖父最喜欢读的书之一，因此当我是个男孩时便读过他的书，我愿意重读他的书。"

"我也喜欢重读一些书。我不相信不重复读书的家伙，还有那些读很多书的人。在我看来他们很蠢，这些现代的疯子，这样做只会增加学究的数量。我们应该经常认真地阅读某些书。"

像这样的一篇读书笔记

　　读过的书，过了一段时间忘了，这是正常的事。

　　人的记忆不是完全靠得住的，不要对自己的记忆力估价得过高，也不要对自己的记忆力提出过高的要求，让它承担过多的东西。用其他的方式来有效分担大脑的记忆，是切实的方法。做读书笔记就是一种很好的方式，虽然说起来没有什么新鲜，但有用。

　　不少人觉得做读书笔记挺麻烦的，不愿费事。其实长远一点看，是减轻了自己今后的脑力劳动，为以后节省时间和精力先做储备。

即使不从以后的效果着眼，单单看眼前的阅读，做笔记也常常是重要的。笔记的效果不仅是为了帮助记忆，它就是当前阅读的一个组成部分，帮助你即时整理书的内容、观点和你自己的感受、想法，形成相对清晰的表述。

钱锺书记忆力好得惊人，为写《管锥编》，据说笔记还做了几大麻袋。以前有人对这个说法将信将疑，现在可以确切地说说钱锺书到底做了多少笔记了。钱锺书去世后，妻子杨绛对他的笔记进行整理，分出三类：第一类是外文笔记，笔记本共一百八十七种，还有打字稿若干页，共三万四千多页；第二类是中文笔记，和外文笔记的数量，不相上下；第三类是日札——读书心得，共二十三册，二千多页。

法国思想家蒙田说自己记忆力差得惊人，所以养成了做笔记的习惯。蒙田是这样说的："我的记忆力差得惊人，而且，我所忘记的东西甚至超过我所记住的东西。我在若干年前仔细拜读过的某些书，竟以为是自己从未读过的新作。为了能稍稍弥补一下这方面的缺陷，一段时间以来，我养成这样一个习惯，即在那些业已读过而又无意再读的书尾做上记号，诸如阅读日期，形成的总的看法等。这就能提醒我记住，我在读书过程中所形成的那些关于作者性格和印象的想法。"

古人写的读书笔记，有名的很多，如宋代王应麟（1223—1296）的《困学纪闻》，明代杨慎（1488—1559）的《丹铅总录》，明末清初顾炎武（1613—1682）的《日知录》，清代赵翼（1727—1814）的《廿二史札记》、王念孙（1744—1832）的《读书杂志》、王引之（1766—1834）的《经义述闻》、钱大昕（1728—1804）的《十驾斋养新录》，等等。还有叫作诗话、词话的，数量不少，其实也是读书笔记。

读书笔记的做法没有一定之规，根据所读的书的种类、性质和个人的兴趣、习惯，灵活多变。可以写得严肃不苟，也可以生动活泼；可以表示赞同，也可以提出疑问和辩难；可以概括要点，也可以关注细节，要点不一定就比细节重要；可以条分缕析、清楚明白，也可以记下含混而丰富的感受。

通常我们所见到的读书笔记不免有些枯燥乏味，这也是很多人对此不感兴趣的一个原因。但这并不是读书笔记这种形式本身的罪过，它又没有要求你一定要把它写得枯燥乏味。

香港有一个非常优秀的作家叫西西，她写过一本书叫《像我这样的一个读者》，就是一本别具一格的读书笔记。她读别人的书，把读到的故事重新讲述，有感有知，有情有见，文字醇厚润泽，让人读来喜欢。

你看她是怎么写的：

堂娜芭芭拉并非没有爱过一个人，在独木船上时，她曾和被船长收留的一名流浪汉阿斯特鲁巴相恋，但不久他便被船长杀了。她记得他如何当夜晚来临时，在岸边围着篝火，对她讲述流浪的生活，她记得他执住她的手教她写字。

在庄屋的窗外，星光满天，堂娜芭芭拉看见牧场的主人正在说话，马利赛拉倾听着，着迷地望着他，胳膊支在桌子上，双手撑着脸颊。堂娜芭芭拉仿佛看见当年的自己，正在荒野的河岸，倾听阿斯特鲁巴说话。

没有人知道堂娜芭芭拉后来到了什么地方，她在那晚之后就消失了。《堂娜芭芭拉》是委内瑞拉作家加列戈斯（Romulo Gallegos）的小说，主角芭芭拉是委内瑞拉粗犷平原的化身，是一个象征。

有这样的读书笔记，你还会觉得读书笔记不值一做吗？

二十世纪三十年代，夏丏尊（1886—1946）和叶圣陶（1894—1988）两位先生合写了一本《文心》，这书里面教国文的王仰之先生，叫学生写读书笔记，有两层意思说得很好。一是说，"看了前人的读书笔记的精严，知道自己的所作的不合式，这是对的。但因前人读书笔记写得好，自己怕难，说不配写，这却大可不必。前人所读的书和你们中学生所读的不同。你们有你们的书在日日读着，如果你们的读书不是浮光掠影的，必能随时有所见到，把见到的写出来，就是你们的读书笔记了。"更重要的是，"读书要精细，才能写出读书笔记，反过来说，试写读书笔记，也就是使读书不苟且的一种方法。"

网络时代的笨拙精神

世界加速度地变化和发展，对待读书这一件事，相应地也就不断产生出新的方法、新的观念和新的精神，人在追求这新的一套时，是不是要把旧的都抛弃呢？譬如，古老的读书方法，像抄写和背诵，今天还适用不适用？

——怎么，在二十一世纪，互联网时代，还要抄写和背诵，这老掉牙的路数，多么笨啊。

抄写是过去的人读书的基本方式之一，太远的时代不说，就说不算远也不算近的明代，有一个文学家叫张溥（1602—1641），他就有边抄边读的习惯，常常反复抄写六七次，不真正弄懂不罢休，他给书房取名叫"七录斋"，正是突出了这个习惯和方式。不过，越往后来，这种方式受重视的程度越低，因为人要读的书越来越多，而时间和精力却是那么有限。

尽管我们已经不可能像古人那样去抄书了，可是抄写所具有的特殊意义现在仍然有效。这是一种什么样的效果呢？德国现代思想家瓦尔特·本雅明在一本名叫《单向街》的书里，专门谈过中国的抄书方式，他很耐心地说道：

"一条乡村道路具有的力量，你徒步在上边行走和乘飞机飞过它的上空，是截然不同的。同样地，一本书的力量读一遍与抄写一遍也是不一样的。坐在飞机上的人，只能看到路是怎样穿过原野伸向天边的，而徒步跋涉的人则能体会到距离的长短，景致的千变万化。他可以自由伸展视野，仔细眺望道路的每一个转弯，犹如一个将军在前线率兵布阵。一个人誊抄一本书时，他的灵魂会深受感动；而对于一个普通的读者，他的内在自我很难被书开启，并由此产生新的向度……中国人誊抄书籍是一种无与伦比的文字传统，而书籍的抄本则是一把解开中国之谜的钥匙。"

就像任何发达的交通工具都不能代替行走一样，抄写也有它的不可替代性。今天你可以根据不同的情况选择不同的交通工具，汽车、火车或者飞机，但无论如何，步行是无法废除的，而且有的时候，步行是最合适的。

那么背诵呢？背诵和抄写一样，也面临着现代的挑战。清代的大学者戴震，不但十三经本文全能背诵，连十三经的"注"也能背诵，著名的历史学家余英时感慨说，这种工夫今天已不可能了。人的知识范围扩大了无数倍而且还在不断扩大下去，我们不可能把精力就集中在几部经、史上面，但是选择少数重要的经典或篇章，反复阅读，乃至能够背诵，仍然是必要的。

可是，我们不是要反对死记硬背吗？

这里要做一个区分。在学校里，为了应付考试，老师要求学生死记硬背一些内容。这里面，有一部分东西除了应付考试没有别的意义，考试完了也就可以扔到脑后，对这些东西的死记硬背是越少越好。但是一些经典或重要的篇章，其意义却是长久的，我们基本的知识构成、良好的人文素养，都离不开它们，熟读乃至背诵它们，是为了从中汲取更多、更好的人生养料。而且，熟读和背诵的过程，并不就是排斥理解的过程，恰恰相反，就是在这样的过程中，理解发生了、加深了，渗透和影响发生了、加深了。这也就是为什么说"读书百遍，其义自见"的道理。

背诵也不仅仅是中国的传统，西方的人文教育也有这样的传统，有的大学就设"伟大的典籍（Great Books）"课程，要求学生熟读乃至背诵若干经典。这样传统的做法有时会不被重视，甚至会中断，不过同时也就有人不断地强调对此的重视，不断地把中断的传统恢复起来。就在二十一世纪的今天，爱尔兰诗人谢默斯·希尼（Seamus Heaney，1939— ），一九九五年诺贝尔文学奖获得者，在谈到另一位诺贝尔文学奖获得者，著名诗人约瑟夫·布罗茨基时，还特别敬重地谈到了这样一个情况："我觉得，他改变了美国的文学习惯。约瑟夫所做的，是坚持记忆的重要性。美国大学里的诗歌教师，现在都常常要求学生背诵诗。这件事几乎是约瑟夫·布罗茨基一手促成的。他七十年代初来美国，当时文学教育中已不讲究背诵，没有人背诗。就连哈佛也没有人要求背诗。他来了，要求这些人，哈佛的本科生读诗背诗。我想他有点儿独裁，但我觉得他让人们明白念诗的快乐。"

确实，背诵和抄写，都是挺笨的老方法；可是，即使是在二十一世纪的互联网时代，有的时候（当然不是所有的时候），古老的方法是最好的方法，笨拙的精神是最好的精神。

读书的历史和网络时代的挑战

不管我们愿意不愿意，随着时代的变化，读书也在发生着深刻的变化。我们可能而且也非常必要坚持某些东西，但同时也一直在改变着某些东西。人类延续的读书活动中的坚持与改变，共同构成了读书的历史。

读书有读书史，也就是说，读书并不是时时处处都相同。

在一六四一年的一本叫做《莫丘利；或，隐秘敏捷的信使》的书中，作者约翰·维尔金斯（John Wilkins）说，最初人把书当成具有"神性"的东西，他们发现人可以与书进行交谈，甚至纸也会说话，真是非常奇妙。他讲了一个故事：一个印第安仆人受吩咐去送一篮无花果和一封信，可他在半路上把无花果偷吃了一大半，收到东西的人读了信，发现无花果的数目与信上说的不同，就责问仆人为何把果子偷吃了。可是这个仆人矢口否认，并且诅咒那张纸，认为那张纸在说谎。之后不久，这个仆人又被派去送无花果和信给同一个人，这次他又吃掉了一大半果子，但他在偷吃之前先将那封信放到了一块大石头下面，他想这样那封信就看不见他吃果子了，也就不可能出卖他。结果他受到了比上次更严厉的指责。他不得不坦白自己的过错，并对写有字的纸所具有的"神性"赞叹不已。

这个故事现在读起来觉得有些荒唐，但人类对文字和书籍最初所怀有的敬畏和神秘的感受，却是真实和普遍的。

回头去看，千百年来，人类读书的方式也发生了不可思议的变化。圣奥古斯汀（354—430）看见圣阿布罗斯在读书嘴唇却一动不动，不禁大为惊诧，他在《忏悔录》第六卷里写道："阿布罗斯阅读时眼睛盯着书页，全神贯注地琢磨思想，不出声，也不动嘴唇。……他很容易嘶哑，我还认为这样默读是为了保护嗓子。"历史学家研究发现，在公元七世纪以前，几乎没有人阅读时不出声。中世纪晚期及其以后一段时间，欧洲常常有专人在社交或工作场合大声朗读，以愉悦或教诲听众。

机械印刷书籍的大量出现和教育的普及，不仅急剧扩大了阅读的范围，而且改变着阅读的基本方式和性质。一位历史学家认为，在西方，从中世纪到一七五〇年稍后的时间里，人们读书是"精读"。那时候人们只有数量有限的藏书——《圣经》、历书、一两本祈祷用书——他们反复阅读，常常大声朗诵，三五成群地一起阅读。结果是，为数不多的书在人们心中留下了很深的烙印。到一八〇〇年以后，"泛读"大行其道：人们阅读各种资料，特别是浏览期刊和报纸，大部分内容只读一次，然后就急急忙忙地去寻找另外的读物。

今天，书籍早已不是稀缺和昂贵之物，印刷品铺天盖地，我们处在各种各样文字的包围之中。与这种变化相对应的是，我们已很少对书籍怀有敬重之感，对文字越来越缺乏兴趣和耐心，我们常常略而不读，视而不见。

更为重大的变化在于，我们发现我们正处在一种根本性的转换和过渡之中：电子媒介强烈地冲击着印刷媒介，阅读过去当然指向纸质的书页，现在它也可能指向电子书和电脑屏幕上的影像和交互文本。我们还必须记住一个基本事实：如今的孩子是伴随着可视媒介成长的，他们也许从未培养起对于书本的深厚感情，而从网络和屏幕获得了更多的知识、乐趣和亲近之感。

我们在屏幕前，面对迅疾出现迅疾消失的从互联网上传来的信息，是否还如同我们翻动书页时那样身心经历着一种深层的隐秘的阅读时间，在这个时间中，看不见的自我形成、展开、发展，朝着个性飞去？如果书籍消亡了，我们隐秘的深层时间和心灵空间是不是也就消亡了？我们的个性是不是也随之消亡了？

毫无疑问网络给了我们很多知识、乐趣和有意思的东西，可即使这样，它可以代替读书吗？书的"品相"、"色香"、"神韵"、"意味"，可以毫不顾惜地任其消失？手指抚摩书脊的感受、书页翻动时发出的声音、眼光和文字碰触的瞬间、对一本新书的惊艳、与一册老书的重逢、书的版本、字体、封面、插图和书页上的空白，这一切都是无关紧要的？

也许还有更多的问题，但也可能是过于忧心忡忡了。

不管怎样，我们都得应对现在和未来的新的挑战。

应对挑战所包含的意思，一定是有所坚持，有所变化。

向谁去抱怨书籍的命运

一九九六年，博尔赫斯已经逝世十年了，苏珊·桑塔格还是忍不住给他写了一封信。这位美国著名的女性知识分子、作家，向阿根廷前辈诉说她的苦恼：关于书籍和阅读的命运。

博尔赫斯在阅读和写作中度过了一生，他对读书的感情超乎寻常。虽然没有办法一一比较，却也不妨说，他是世界上最热爱书的作家。

"如果有哪一位同时代人在文学上称得起不朽，那个人必定是你。你是你那个时代和文化的产物，然而你却以一种神奇的方式知道该如何超越你的时代和文化。这与你关注事物的开放性和豁达性有关。……虽然你长时间地生活在我们中间，但是你使咬文嚼字和洁身自好的做法臻于完美，同时也使你成为一个前往其他时代的精神旅行专家。"

桑塔格羡慕博尔赫斯的豁达、宁静和自我超越，"你的所作所为表明人们没有必要不高兴，即使他们清楚地意识到周围的事物有多糟糕，并对此不抱任何幻想。"

"你向人们提供了新的想象途径，并一再宣称我们受惠于过去，尤其是受惠于文学。你说我们现在和曾经有过的一切都归功于文学。如果书籍消失了，历史就会化为乌有，人类也就会灭亡。我确信你是正确的。书籍不仅仅是我们梦想和记忆的独断总结，它们也给我们提供了自我超越的模型。有的人认为读书只是一种逃避，即从'现实'生活的每一天逃到一个虚幻的世界，一个书籍的世界。书籍不单单是这样的。它们是使人实现自我的一种方式。"

然而，担任过阿根廷图书馆馆长的博尔赫斯在世时也许没有想到，书籍和阅读要经受一个电子和网络时代的严峻考验。

"很抱歉，我不得不告诉你，书籍现在被认为正濒临灭亡。我说到书籍时还泛指使文学成为可能和给灵魂带来影响的阅读条件。有人告诉我们，不久我们就可以从'书屏'唤出任何所需的'文本'，我们能够改变它的外观，向它提问，跟它'互动'。当书籍变成了我们依据实用性标准跟它们进行'互动'的'文本'时，书写的文字就会简单地变成一种被广告所驱动的电视画面。这就是正在创造中的，并向我们保证能够变得更加'民主'的辉煌未来。当然，它只意味着内心世界的死亡——以及书籍的死亡。"

"到了那个时候，就没有纵火焚书的必要了。野蛮民族无需烧书。老虎就在图书馆里。亲爱的博尔赫斯，请你理解这一点，我无法从抱怨中感到满足。然而不和你发牢骚，我还可以向谁去抱怨书籍的命运——以及有关阅读本身的命运呢？（博尔赫斯，十年不见了！）我想说的只是我们想念你。我想念你。"

二〇〇四年，美国著名文学理论家哈罗德·布鲁姆（Harold Bloom，1930—2019）为他的《西方正典》中文版撰写序言，最后悲观地说："诚实迫使我们承认，我们正在经历一个文字文化的显著衰退期。我觉得这种发展难以逆转。"他曾经在一次关于"电子书籍"的研讨会上演讲，那次研讨会被定名为"下载或死亡！"（Download or Die！）"我记得自己对一群出版商、编辑和记者们说到，当我们从卷轴书进步到手抄本，再到印刷装订书籍时，那是一个巨大的文化发展过程。在我演讲并预言大量投资电子书籍的出版商会遇到经济灾难时，我的头脑里充满了那些诗卷的可爱形象，那些诗卷伴我度过了童年，成了我幼时周遭乏味环境中的光辉偶像。"布鲁姆断言，现在，"我们正处在阅读史上最糟糕的时刻"。

阅读因阅读经验的唯一性而存在

"我们正处在阅读史上最糟糕的时刻"——有多么糟糕？书籍会消亡吗？

意大利小说家、符号学家安贝托·艾柯（Umberto Eco，1932—2016）二〇〇三年在埃及亚历山大图书馆发表了《书的未来》的演讲，他认为超文本（文本式的超文本和系统的超文本）的存在，会使那些供查阅的百科全书和手册消亡，但是，"好消息：书仍将是不可缺少的，这不仅仅是为了文学，也是为了一个供我们仔细阅读的环境，不仅仅是为了接受信息，也是为了要沉思并作出反应。……我认为电脑正在传播一种新的读写形式，但它无法满足它们激发起来的所有知识需求。"艾柯说，事实上，新技术必然导致旧物废弃的想法往往过于单纯，在文化史上，从来没有一物简单杀死另一物这样的事例；当然，新发明总是让旧的发生深刻的变化。"我们正在向一个更加自由的社会前进，自由的创造力将和对现有文本的诠释共存。我喜欢这样。但是不能说我们已经以新代旧了。我们新旧都要。"

超文本可以提供一种任意发挥的幻象，一种无限创造力的幻象——但这只是一种幻象，一种自由的幻象。让人以数量有限的元素去制造无限文本，这一想法并不新鲜，不仅在电脑和互联网发明之前就已经存在，而且存在了几千年：使用数量有限的字母，能够制造出几十亿种文本，这正是从荷马到今天的人类所为。但是，一部伟大的书，一件伟大的艺术品，之所以迷人，不在于制造了无限的可能性，而在于它只能以它的方式存在。雨果的《悲惨世界》和托尔斯泰的《战争与和平》，你可以对它们有各种各样的解读，但是它们包含着某种不能任意更改的东西，某种不能替代的东西，某种必然的东西。它们向多种解读开放，但它们是不可改写的文本。"我们不可重写的书是存在的，因为其功能是教给我们必然性，只有在它们得到足够敬意的情况下，才会给我们以智慧。为了达到一个更高的知识境界和道德自由，它们约束性的课程不可或缺。"

因为存在着不能更改、替代、变换、重写的伟大的书，阅读经验也就没办法被允诺了无限自由幻象的电子设备和超文本系统所取消，阅读因阅读经验的唯一性而存在。

艾柯说得好："电脑通讯跑在你前面，书却会与你一同上路，而且步伐一致。……书仍然是落难时或日常生活中最好的伴侣。书是那种一旦发明，便无需再作改进的工具，因为它已臻完善，就像锤子、刀子、勺子或剪子一样。"

甚至博尔赫斯健在的时候，书的消失就是一个话题，博尔赫斯说，这是不可能的。因为书和报纸、唱片不同——他那个时候对比的是报纸和唱片；在他之后的时代，可以把新时代的新发明加进去，而不同仍然还是不同，不同就是唯一性。

对于电脑和网络，博尔赫斯会怎么看呢？

我们只能猜想。苏珊·桑塔格向博尔赫斯抱怨的时候，一定也包含着向这位不在世的智者求教的意思。"你的谦逊是你存在明证的一部分。你是时新快乐的发现者。像你那样深奥而宁静的悲观主义是不需要感到愤怒的，相反，它必须具有创造力——而你是最善于创新的。在我看来，你所发现的宁静和自我超越很具有典范性。……在某个场合你曾经说过，一个作家——你还特意补充说：所有人——必须这样想，对于他或她来说，所发生的任何事情都是一种资源。"

所发生的任何事情——包括电脑和网络的普遍应用——都是一种资源。

书籍和阅读不仅仅是与电脑和网络竞争，而且可以把它们化为一种资源。既然书是那种具有不可替代的唯一性的发明，既然书是一旦发明便无需多做改进的东西，那么就让它坦然面对后来的诸多形形种种的新发明。

无需向谁去抱怨书籍和阅读的命运。

鲁迅在知用中学的演讲

一九二七年七月十六日，鲁迅应邀到广州知用中学演讲，谈了谈他个人关于读书的意见。

鲁迅的这篇演讲，名为《读书杂谈》，不像他的一些名篇那样常被人提起；就是专门谈读书的人与文，也不大注意及此。为什么呢？我想一个原因，是鲁迅谈得太朴实了，他没有告诉人读书的妙法和捷径，也没有令人眼花缭乱的观念和理论，他谈得实实在在。

而很多人是不喜欢实话的，他们更愿意相信花哨的说法，相信省心省力的窍门，实话呢，不仅过于平淡，而且不给偷懒取巧之心以鼓励和希望。

但实话的好处是不会让人上当受骗。

鲁迅说，读书似乎是很明白的事，拿书来读就是了，但并不这样简单。接下来他区分了两种情形的读书：一是职业的读书，一是嗜好的读书。

"所谓职业的读书者，譬如学生因为升学，教员因为要讲功课，不翻翻书，就有些危险的就是。我想在座的诸君之中一定有些这样的经验，有的不喜欢算学，有的不喜欢博物，然而不得不学，否则，不能毕业，不能升学，和将来的生计便有妨碍了。我自己也这样，因为做教员，有时即非看不喜欢看的书不可，要不这样，怕不久便会于饭碗有妨。我们习惯了，一说起读书，就觉得是高尚的事，其实这样的读书，和木匠的磨斧头，裁缝的理针线并没有什么分别，并不见得高尚，有时还很苦痛，很可怜。你爱做的事，偏不给你做，你不爱做的，倒非做不可。这是由于职业和嗜好不能合一而来的。"

嗜好的读书则不同，"那是出于自愿，全不勉强，离开了利害关系的"。嗜好的读书能够手不释卷，是因为读者在每一页每一页里，都得着深厚的趣味。

"不过我的意思，并非说诸君应该都退了学，去看自己喜欢看的书去，这样的时候还没有到来；也许终于不会到，至多，将来可以设法使人们对于非做不可的事发生较多的兴味罢了。我现在是说，爱看书的青年，大可以看看本分以外的书，即课外的书，不要只将课内的书抱住。但请不要误解，我并非说，譬如在国文讲堂上，应该在抽屉里暗看《红楼梦》之类；乃是说，应做的功课已完而有余暇，大可以看看各样的书，即使和本业毫不相干的，也要泛览。譬如学理科的，偏看看文学书，学文学的，偏看看科学书，看看别个在那里研究的，究竟是怎么一回事。这样子，对于别人，别事，可以有更深的了解。现在中国有一个大毛病，就是人们大概以为自己所学的一门是最好，最妙，最要紧的学问，而别的都无用，都不足道的，弄这些不足道东西的人，将来该当饿死。其实是，世界还没有如此简单，学问都各有用处，要定什么是头等还很难。"

鲁迅说，嗜好的读书，如游公园似的，随随便便去，因为随便，所以不吃力，因为不吃力，所以觉得有趣。如果一本书拿到手，就满心想道，"我在读书了！""我在用功了！"就容易疲劳，减掉兴味，甚至变成苦差事了。

常常有想要从事文学的青年问鲁迅，应该看什么书。在这次演讲里，鲁迅说，这实在是一个极难回答的问题。"先前也曾有几位先生给青年开过一大篇书目。但从我看来，这是没有什么用处的，因为我觉得那是开书目的先生自己想要看或者未必想要看的书目。我以为倘要弄旧的呢，倒不如姑且靠着张之洞的《书目答问》去摸门径去。倘是新的，研究文学，则自己先看看各种的小本子……然后自己再想想，再博览下去。""倘要看看文艺作品呢，则先看几种名家的选本，从中觉得谁的作品自己最爱看，然后再看这一个作者的专集，然后再从文学史上看看他在史上的位置；倘要知道得更详细，就看一两本这人的传记，那便可以大略了解了。如果专是请教别人，则各人的嗜好不同，总是格不相入的。"

关于书目，鲁迅在别处曾经这样谈过："不过我也曾用过正经工夫，如什么'国学'之类，请过先生指教，留心过学者所开的参考书目。结果都不满意。有些书目开得太多，要十来年才能看完，我还疑心他自己就没有看；只开几部的较好，可是这须看这位开书目的先生了，如果他是一位胡涂虫，那么，开出来的几部一定也是极顶胡涂书，不看还好，一看就胡涂。"

演讲里鲁迅特别谈到读书不要盲从各种各样的意见，他讲了一个故事：一个老头和一个孩子用驴驮着货物去卖，卖完回来，孩子骑在驴上，老头跟着走。路上的人见了，就责备孩子不懂事，怎么可以让老人步行呢？于是孩子和老头换了一下，又有人看见了，说这个老头竟然忍心让小孩子走路。老头赶忙把小孩子抱上来，一起骑着驴走，看见的人说他们对驴很残酷。他们只好都下来，走了不久，又有人笑他们了，说他们很傻，空着现成的驴却不骑。老头对孩子叹息说，我们只剩下一个办法了，就是两个人抬着驴走。

盲从别人的意见，不能自己思索，自己做主，结果会是很荒唐的。"倘只看书，便变成书橱，即使自己觉得有趣，而那趣味其实是已在逐渐硬化，逐渐死去了。"鲁迅强调要做一个思索者和观察者，观察者能"用自己的眼睛去读世间这一部活书"，但如果没有练习过观察力，所得还是有限的，"所以要观察，还是先要经过思索和读书"。

"总之，我的意见是很简单的：我们自动的读书，即嗜好的读书，请教别人是大抵无用，只好先行泛览，然后抉择而入于自己所爱的较专的一门或几门；但专读书也有弊病，所以必须和实社会接触，使所读的书活起来。"

和"实社会"接触，是鲁迅关于读书的一贯之论，在那篇应征而写的愤激的短文《青年必读书》里，鲁迅突出的实质是读书和读书之间的区别：一种是"与实人生离开"，另一种是与"实人生"接触，"想做点事"。

在我们的读书漫谈行将结束的时候，介绍鲁迅的这篇演讲，其实在很大程度上可以看做是一个朴素的总结。

十二种声音

关于书和读书，古往今来的许多人谈过，在我们这一次的读书漫谈中，也有意识地展现了一些见解、认识和感受。前面介绍了鲁迅关于读书的一个演讲，接下来，再让我们来集中听听另外一些人的意见吧。

这些声音，本来是不同时、不同地而发出的，而现在，当它们都在我们耳边响起的时候，我们需要分辨的是它们各自对于我们的不同意义。这些不同的声音，互相之间有共通的部分，也存在差异、矛盾甚至是冲突。你会认同某种声音，而对另外的一种保留意见。别的人也许和你的看法又有所不同。下面这些说法的排列完全是无序的，你如果需要有一种秩序，就只能自己动脑、自己用心，按照自己的标准赋予它们一个秩序。对于每一个人而言，这个秩序和其中的涵义都是不一样的。

奥地利作家卡夫卡（1883—1924）：

"我们需要的书，应该是一把能够击破我们心中冰海的利斧。"

英国达雷姆大主教理查德·德·伯利（1281—1345）：

"书籍是幸福时期的欢乐，痛苦时期的慰藉。"

法国哲学家阿兰（1868—1951）：

"你熟悉翻动书页时所发出的窸窣声音吗？如果你无法从中辨析出命运的颤音和结局的征兆，这说明你还不是真正的读书人。"

英国诗人（后入美国籍）威斯坦·休·奥登（1907—1973）：

"读书就是翻译，因为从来不会有两个人的体验是相同的。一个拙劣的读者就好比一个拙劣的译者：他会在应该意译的时候直译，而需要他直译时他却意译。在学习如何才能把书读好时，学问固然极为宝贵，但却不如直觉重要。"

中国诗人何其芳（1912—1977）：

"或是昏黄的灯光下，放在你面前的是一册杰出的书，你将听见里面各个人物的独语。温柔的独语，悲哀的独语，或者狂暴的独语。黑色的门紧闭着：一个永远期待的灵魂死在门内，一个永远找寻的灵魂死在门外。每一个灵魂是一个世界，没有窗户，而可爱的灵魂都是倔强的独语者。"

英国小说家弗吉尼亚·伍尔芙（1882—1941）：

"旧书店里的书是野书，无家的书，它们像一大捧各色各样的羽毛一样凑到一起，有着图书馆里那些驯顺的书卷所缺乏的魅力。此外，在这种任意混杂的伙伴堆中，我们还可能碰上某个全然陌生者，而它，如运气的话，可以成为我们在这世界上的最好的朋友。当我们从上层的一个书架上，探手取下某本灰白色的书时，被它那破败和废弃的氛围所诱引，总是会产生一种希望，希望能在这本书中碰上一个百年前的男人：

他正骑着马出发去探索米德兰和威尔斯的羊毛市场。这是一个无名的旅行者，他滞留在客栈里，喝着他的酒，注意着漂亮的女孩儿和严肃的顾客，出于纯粹的喜爱，生硬而费劲地写下了所有的一切（该书是由他自费出版的）。这书极其啰嗦、忙乱和实实在在，所以在他毫不知情的情形下，那蜀葵和干草的特殊气味以及他自己的画像已渗流于其中。而那画像是如此地出色，故而使他在心灵的角落里将永远占有一席之地。"

欧洲中世纪基督教思想家安瑟伦（1033—1109）：

"把一本书置于一个无知者的手中，就像把一柄剑放在一个顽童手中那样危险。"

英国哲学家培根（1561—1626）：

"读书足以怡情，足以傅彩，足以长才。其怡情也，最见于独处幽居之时；其傅彩也，最见于高谈阔论之中；其长才也，最见于处世判事之际。练达之士虽能分别处理细事或一一判别枝节，然纵观统筹，全局策划，则舍好学深思者莫属。读书费时过多易惰，文采藻饰太盛则矫，全凭条文断事乃学究故态。读书补天然之不足，经验又补读书之不足，盖天生才干犹如自然花草，读书然后知如何修剪移接；而书中所示，如不以经验范之，则又大而无当。狡黠者鄙读书，无知者羡读书，唯明智之士用读书，然书并不以用处告人，用书之智不在书中，而在书外，全凭观察得之。读书不可存心诘难作者，不可尽信书上所言，亦不可只为寻章摘句，而应推敲细思。书有可浅尝者，有可吞食者，少数则须咀嚼消化。换言之，有只须读其部分者，有只须大体涉猎者，少数则须全读。读时须全神贯注，孜孜不倦。书亦可请人代读，取其所作摘要，但只限题材较次或价值不高者，否则书经提炼犹如水经蒸馏，味同嚼蜡矣。读书使人充实，讨论使人机智，笔记使人准确。因此不常做笔记者须记忆特强，不常讨论者须天生聪颖，不常读书者须欺世有术，始能无知而显有知。读史使人明智，读诗使人灵秀，数学使人周密，科学使人深刻，伦理学使人庄重，逻辑修辞之学使人善辩：凡有所学，皆成性格。人之才智但有滞碍，无不可读适当之书使之顺畅，一如身体百病，皆可借相宜之运动除之。"

美国思想家拉·爱默生（1803—1882）：

"在图书馆里成长起来的温顺的年轻人相信，接受西塞罗、洛克、培根所发表的观点是自己的责任；他们却忘了西塞罗、洛克和培根写这些书的时候，也只不过是图书馆里的年轻人。"

法国思想家蒙田（1533—1592）：

"当我在读书中遇到某些费解的地方时，我从不一味冥思苦想；倘我尝试一二次后仍不得要领，我就把它甩开。因为在这种情况下继续死啃它们，无异于浪费我的精力和时间。我的思维机器只在初始时才敏捷活跃，而那些不能令我当下关注到的东西，不能靠持久来解决。没有灵感，我的思维就会枯竭。过分地执着于某物，只会使大脑疲惫不堪，陷入混乱，我的眼睛也会变得模糊不清。我必须把注意力暂时移开，而后再回过头来不断地看看。一如我们在看一件耀眼的红色衣服时，总是先把视觉稍稍移开，然后再不断地瞥上几眼。"

奥地利作家茨威格（1881—1942）：

"一个人和书籍接触得愈密切，他便愈加深刻地感到生活的统一，因为他的人格复化了：他不仅用自己的眼睛观察，而且运用着无数心灵的眼睛；由于他们这种崇高的帮助，他将怀着挚爱的同情踏遍整个世界。"

德国思想家瓦尔特·本雅明（1892—1940）：

"印刷术自从在书籍里找到它的避难所并由此实现了一种自治的存在之后，如今正被广告无情地拖到大街上，残酷地置于经济的混乱无序的他治之下。印刷术正在痛苦地学习以新的样式存在。若干世纪以来，文字经历了从直立慢慢躺倒的过程：最初是直立在碑石上，之后半卧在倾斜的书桌上，最后终于在印刷书籍的床上躺下来。而今天，文字又开始慢慢站了起来。人们看报纸更多的是垂直地拿着从上向下读，而不是平摊在书桌上读；而电影和广告则以一种独裁的强制方式把文字竖立了起来。生长在这样一个时代里的孩子，如果他在接触书本以前看惯了如此千变万化色彩斑斓的字母，我很怀疑他还有兴趣读懂书籍里古朴刻板的印刷文字。像蝗群一样到处泛滥的印刷字遮蔽了城市的太阳——文人的光芒，而且随着时间的推移会越来越密集。其他的商业行为走得更远。"

阅读者从书中抬起眼来

　　法国作家福楼拜（Gustave Flaubert，1821—1880）的名作《包法利夫人》，在某种意义上可以看作是一部关于阅读的悲剧：爱玛·包法利喜欢阅读，她的想象力被她阅读的那些庸俗言情故事所腐蚀。

　　比这部小说更早，被苏珊·桑塔格称为"第一部，也是最伟大的一部关于嗜读症的作品"，是西班牙塞万提斯（Miguel de Cervantes Saavedra，1547—1616）的《堂·吉诃德》。堂·吉诃德是这么一位绅士，"简单点说，这位绅士把自己埋进书堆里，夜以继日地阅读，从太阳落下读到太阳升起，又从曙色蒙蒙读到星光幽幽。他这样不停地熬夜，无休止苦读，最后终于神经出了毛病，变得疯疯癫癫。"他对他读到的一切深信不疑，而且认为除此之外，世界上不存在别的凿凿有据的生活和历史。

桑塔格认为，与爱玛不同，对于堂·吉诃德来说，"问题不在于阅读的书籍不好，而是阅读过量。阅读不仅仅损坏了他的想象力，而且还绑架了它。他认为世界只是像书本中所描写的那样（按塞万提斯的说法，堂·吉诃德的所思、所见、所想均受制于他的阅读模式）。……这种书生气造就了他的疯狂。"

被阅读绑架，也就是把书的世界当成唯一的世界。

热爱阅读的普鲁斯特（Marcel Proust，1871—1922）却反对对书籍的"拜物教敬仰"，他告诫说，不要老是把书说成"魔幻钥匙",能够解开一切难题。

书不是一切。读书是人生经验中重要的部分,却不是全部。"作者智慧结束的地方,正是我们的智慧开始之处。"普鲁斯特说,"这里要求的是介入,由他者引起的介入,但在我们自己身上发生。"

《从文自传》有一章的题目是:"我读一本小书同时读一本大书"。作家沈从文不平凡的一生,就是同时读书本(读小书)与读自然和世界、读社会和人生(读大书)的一生。

为什么既要读书本,又要读宇宙万物、社会人生呢?

这之间其实不存在截然的划分和根本的对立,而是互相渗透和交流、彼此应和与影响的。这之间的关系,活泼流转,生机盎然。俄国诗人Ｅ.Ａ.巴拉丁斯基(1800—1844)在《歌德之死》一诗中颂扬歌德，说他"能看懂布满星辰的书卷，／能同海浪进行对话"。

倘若切断这活生生的联系，读书就可能变成了读死书、死读书，看世界也可能就是呆呆地看世界，看见的也只能是世界的呆相。

真正优秀的阅读者能够把书本和宇宙融为一体，他的心灵是一个没有边界的生生不息的世界，一个大的宇宙。

奥地利伟大的诗人里尔克（Rainer Maria Rilke，1875—1926）写过一首题为《阅读者》的诗，我想把这首诗的汉语译文（杨武能译）完整地抄给你看，以结束这一次关于读书的漫谈。没有比这更好的结尾了。你也许能够体会出，这首诗中揭示的阅读的真谛，显现了一个深邃而辽阔的世界存在，存在于书里，存在于书外，存在于书里书外融成一片的宇宙中，也存在于融会了这一切的心灵中——

　　　我已经读了很久，

　　　自打这雨声潺潺的下午

　　　躺卧在我的窗口。

　　　窗外的风声

　　　　　我充耳不闻：

　　　我的书又重又厚。

　　　书页对于我

　　　　　像一张张面孔，

　　　沉思时，神情严肃，

　　　读着它们，时光便在我身边

　　　　　淤积、滞留。

　　　蓦地，书中一片光明，

　　　书页上遍写着：黄昏，黄昏……

我未及眺望窗外，

长长的文句已经断了线，

　　四散逃奔……

于是我知道：在一处处

　　繁花怒放的花园顶头，

天空开阔、明朗；

太阳又再次光临。——

而此刻，夏夜将至：

目力所及，景物稀疏、凌乱，

长街上移动着憧憧人影；

只是远处，好似意味深长地，

听得见还有一些什么在发生。

这当儿，我从书中抬起眼来，

一切都已变得伟大，

没有任何景象再令人吃惊。

在书中，我体验着外界的事物；

这儿那儿，自然都广大无垠。

只要更多地将身心织入其中，

我的双眼便能适应世界万物，

适应芸芸众生严肃的单纯，——

于是大地超越自身，

　　继续生长，

仿佛将包容整个天空：

大地上的最后一所房子

　　就像是天空中的

　　　　第一颗星星。

下篇

读书这件事

——一次演讲

一种基本的精神活动方式

　　今天跟大家谈谈读书。我猜测，大家听说今天谈这个题目，多少会有点失望。因为谈读书的人太多了，在我之前有很多人谈过，在我之后也会有很多人谈，比我读书读得好的人谈过，比我读得不好的人也谈过。这样一个很老的题目，大家听起来可能稍微有点厌倦。但是这里面有一个问题：为什么这样一个题目，大家要老是去谈它？老是去谈它，这本身就说明，读书这个东西，可能是我们人的精神生活中一个基本的行为，一种基本的精神活动方式。因为它是基本的,所以我们老是要去谈它。而且也因为它是基本的,所以它是没有答案的。越是基本的问题越是没有答案的,比如"人是什么"这个最基本的问题,我们永远也说不出一个准确的答案,或者有的人说了你也不相信。还有另外一个原因:它是一个有魅力的问题,虽然它很老了,但是它很有魅力。一个问题如果没有魅力,你谈完了也就算了,正是因为它有魅力,人才会冒着谈不好的危险还要来谈它,这就说明这个问题本身是有吸引力的。

我谈的是比较个人化的体会。因为是比较个人化的,片面的,主观的,就可能有很多不对的地方。

带着满脑子的想法来读书，可能造成大的障碍

先作这样一个假设，不同的人用同样的精力去读同样一本书，得到的效果会怎么样呢？这个效果没办法量化，但是我们假设可以把它量化，就可能排出来一个从低到高的分值，有的人可能分值很低，甚至低到是负数，也就是说读书可能读坏了，还不如不读；有的人就是正值，而且正数值很大。为什么会出现这么大的不一样呢？我觉得我们需要追究出现这么大的差别的原因。因为我们每个人都希望自己读书能获得

一个最大的正值。

　　先说一个故事。这个故事是《庄子》的杂篇《庚桑楚》里面的。庚桑楚是老子的一个徒弟，他学得很好，学成之后自然就有人来向他请教问题。其中有一个人叫南荣趎，他有很大的困惑，向庚桑楚请教了很多的问题。庚桑楚就跟他讲了很多很多，讲得口干舌燥，但是都没用，南荣趎说我的问题一点都没有解决。庚桑楚就说，那我是没有办法了，你去找我的老师吧。南荣趎就背着干粮，走了七天七夜，找到老子。老子见到他就问，你是从庚桑楚那里来的？接着又问：你来就来吧，你怎么还带着这么一大帮人来？南荣趎一听，吓了一跳，赶紧回过头去看。可是身后并没有什么人。南荣趎极为不解。就在他回头看的时候，老子又说了一句很厉害的话：难道你没听明白我说的是什么意思？老子这样一说，南荣趎更加不明白了，他说，本来我有很多问题要来问你，被你这样一吓，我连要请教什么问题都吓忘了。

我觉得这个故事很有意思。老子看到南荣趎带了很多人来向他请教问题——当然是没有什么人，老子的意思是说，南荣趎的脑子里面有很多人，他是带着满脑子的想法来向老子请教问题的。这样的话，其实是很难获得解答的。在接受一个东西的时候，一个比较好的状态是把自己的心空出来。打一个不恰当的比方，抽屉用得时间长了，塞满了许多东西，如果我要往抽屉里面再放新的东西的话，就必须把里面乱七八糟的东西清理出去，留出空隙。当我们的大脑要去接受新的东西的时候，首先需要的是把大脑空出来。所谓"虚心"，不是"态度好"的意思，"虚心"是真正地把你的心空出来。空出来才有地方把新的东西接受进来。这一点对于我们来说特别重要。我们这些已经基本完成学业、已经工作了很多年的人，脑子里已经有了各种各样的想法，对人，对事，对语文教学，对什么什么东西，我们都有各种各样的想法，我们脑子里的想法太多了。这些想法当然有的时候是好事，可是对于我们接受新的东西来说，有的时候很可能是一个大的障碍。

人的大脑不是无限的。很简单的例子，为什么一个孩子接受东西比大人快，一个原因就是他脑子比我们空，他比我们"虚心"。我自己在大学里教书，有一个体会，我给本科生上课，有研究生、进修的老师来旁听，可是一个学期听下来，一般总是本科生学得多学得好，研究生和进修的老师未必赶得上本科生。同样是一门课，同样是一本书，也都很努力，为什么所获得的东西会有差别，而且有的时候差别还特别大？我觉得这里就有那个南荣趎的问题，带了太多的想法来听课、读书。这是一个很大的问题。

老子给南荣趎解惑的方式是很好的，一见面他这样两个问题把南荣趎一吓，让南荣趎要问什么都忘记了，正所谓"当头棒喝"，让脑子一下子空了出来。脑子空出来才可能接受新的东西，这个是我讲的一个意思。

在"无知"的位置上去"胡思乱想"

　　脑子空出来，不是说要大脑一片空白，读到什么就接受什么、相信什么；而是说，要把自己放到一个非常"无知"的程度，既因为"无知"而"虚心"，又是在"无知"的位置上去思想、去质疑。我们通常看到的思想和质疑，往往是从一个很高的位置上去进行的，往往带着"有知"的优越感，要显示的也是自己的"有知"。其实，"无知"地去"胡思乱想"，可能更有所得。这个说起来容易，因为是套话，你要觉得自己是"无知"的你才可能获得更多的知识；但是为什么会这样呢？

我举一个例子，我非常喜欢这个例子：大家都知道，屈原在自沉以前写了《怀沙》这个作品。文学史上都是这样讲的，我们也不怀疑，也不敢怀疑。但是我们不妨试着对这句话提一些很幼稚的问题。屈原自杀以前，也就是被流放的时候写了《怀沙》，那么是写在什么上面的呢？屈原那个时候当然不是写在电脑上的，也不是写在纸上的，是用刀刻在竹简上的。那么他被流放的时候，身上还背着竹简么？他背着竹简、拿着刀被流放么？如果他没有带着竹简，那么他是在流放过程中看到竹子，先把竹子砍下来，做成竹简，然后再在竹简上面刻字，完成从制作竹简到写成《怀沙》这样一个过程？刻字，刻那种笔画很多、结构复杂、像鸟一样的文字，这是一件很简单的事么？

需要花多长时间？再说，在宫廷之外，书写这种行为，在屈原那个时代，对于普通人来讲是一种什么样的行为？普通人是不是有书写的能力、书写的习惯？竹简这个东西是不是在宫廷之外大量存在？如果不是这样，如果不是屈原把《怀沙》写在竹简上，那我们或许可以想象，它不是写下来的，它是通过口头流传下来的一个文本。那怎么流传下来的？屈原流放的时候带着一个仆人，屈原创作好了《怀沙》之后把它教给他的仆人，让他的仆人背诵，仆人后来再背诵给其他人？就这样流传下来的？如果是这样的话，我们可以再问，屈原时代的仆人有没有背诵的能力？假设是有，在这样一个口头流传的过程中会不会背错了？会不会前后顺序颠倒？会不会有人加了一句，有人漏掉一句？

这一大堆问题，是哈佛大学研究中国文学的学者宇文所安提出来的，他假设一个具有一般常识的中学生，可能会向老师发出屈原般的"天问"。我们为什么没有去问这些问题呢？因为我们不是中学生了？还是因为我们不是老外？说来真是奇怪，我们身上似乎总是有一种力量，这种力量使得我们不敢表现得像一个中学生或者一个外国人那样天真和"无知"。我们在读书的时候不敢胡思乱想，这都是些很无聊的想象嘛！问这些问题，显得自己很幼稚，文学史都这样讲，你怎么还会有这些乱七八糟的疑问？这些问题问出来又有什么作用呢？谁也解答不了。但是这些问题问出来和不问出来是非常不一样的。虽然这些问题没有答案，但是问出这些问题就会带出很多问题，带出当时那个社会的"物质文化"的问题，比如竹简的问题，口头流传的问题，文本的传播方式的问题，是非常有意思的。这些"无知"的问题里面，包含了很多"有知"

的人根本没想到的东西。所以我觉得，读书的时候把自己放到一个比较低的位置上，去天真幼稚地"胡思乱想"一下，说不准会有意想不到的收获。

阶段和顺序：野，从，通，物，来

读书这件事，在不同的阶段，有不同的方法，境界也不同。《庄子·寓言》里面，有一个人对另外一个人说进道的顺序，也可以看作是做学问的顺序，读书的顺序，说的是，"一年而野，二年而从，三年而通，四年而物，五年而来，六年而鬼入，七年而天成，八年而不知死，不知生，九年而大妙。"

"一年而野"，"野"就是粗狂，放纵，打开，这一点特别重要，刚刚开始的时候你一定要有一个大的局面，一定要放纵自己去打开这样一个大的局面。我们通常把开始的时候讲得小心翼翼，我觉得这未必就对。一开始的时候就要肆无忌惮，就要不知天高地厚。长三角这个地方，喝茶多是喝绿茶吧？喝绿茶的时候，有一种泡茶方式说水不能太开，水太开了就把茶叶烫坏了。福建那地方就不一样，喝铁观音，喝乌龙茶，小红袍大红袍，一定是滚烫的水来冲茶的，这样一冲下去茶叶的香味马上就出来了，如果不是滚烫的水，慢慢来的话，这样茶就完蛋了。当然我们也有一种说法是"冷水泡茶慢慢浓"，可能有的茶冷水泡了会慢慢浓出来，这个我不知道，但是绝大多数的茶如果水不开就冲泡的话，这个茶香永远就没有了，这个茶就废了。我不是长三角的人，喝绿茶也不习惯用八十度的水泡。我觉得读书也是这个道理，一开始一定要滚烫的水把这个局面冲开；这也像做饭，如果一开始做成了夹生饭，再要煮熟，就非常困难了。一开始的局面很可能包含以后的局面。孔子说十五岁有志于学，十五岁有志于学这个局面就包含了他从三十直到七十岁以后的境界，如果一开始没有这个局面的话，以后就没有了。我们通常也说，文章要放荡，做人要谨慎，是吧？这个"放荡"，如果放到阶段上来说也是一个初级阶段，也就是说一开始一定要"放"开来，"荡"开来，有个大的境界。写文章宁可写得像野马，也不要写得像瘦驴，也就是这个道理。下笔千言，离题万里，这个可不是容易的事。一开始你就把自己局限在一个很狭小的池塘里，那很可能一辈子就是这个池塘。所以我是觉得这个"野"，这个不知天高地厚，好像自己有浑身的能量使不完，觉得自己了不起，志存高远，这个很重要。但是这只是第一阶段。

"二年而从"。你这样"野"，一定会碰到很多困难、很多障碍克服不了，甚至可能会碰得头破血流，到这个时候，你就知道原来很多的事情不是那么容易就可以解决的，很多的事情比"野"那个时候以为的复杂得多。这就来了体会困难的阶段，体会困难是非常重要的，就是在体会困难、体会障碍的这个过程当中，你慢慢地从一个很高的地方回到地面来，"从"，就是从一个很高的地方下到一个比较平实的地方，降心而从。我们也看到，有的人他一直"野"的，很狂，二十岁很狂，三十岁很狂，到了五十岁他还很狂，这个当然也没有什么特别不好，但是他如果从二十岁到五十岁都没有长进，那我就觉得生命有些浪费。我觉得应该有一个由"野"到"从"的过程，体会到困难，体会到世界的复杂性，在困难、挫折和复杂的体会中，自己的心理状态能够往下下来一点，平实一点。

"三年而通"，这个"通"，其实是平衡。贯通了

"野"和"从"，然后达到一个比较平衡的状态。

有了这个一年，两年，三年——这个当然是指一个阶段，不一定就真是一年两年三年——基本解决的是一个人主观上的问题，就是读书的心理问题。

如果主观的问题解决得比较好，这个时候就可以来对待在自我之外的事物。"四年而物"，这个阶段，能够排除内心干扰而及物，和外面的世界发生关系。所谓的"格物"，就是到四年的这个阶段，"格物致知"。

"五年而来"，"来"是到我这里来，是到我的心里来。大千世界的万象都要到我的心里来，使我的心灵充实起来。我开始讲一个人一定要心"虚"，把心空出来，把心敞开，然后才能够"来"。如果没有"来"的话，我们光空空洞洞地讲自我，讲个人，讲主体，没有从外面来的东西，它就是一个很空洞的东西。为什么要来到心里呢？很多东西，不经过个人的内心，没有真切的体会，是没法变成真知的。你看很多人讲起来头头是道，这些个"道"，如果只是从外面拿来的，鹦鹉学舌学来的，没有与自己的内心发生深切的关系，这些个"道"恐怕也就只能停留在口头上，靠不住。

根据我自己的体会，只能体会到"五年而来"这个阶段。后面的我就不知道了，"六年而鬼入，七年而天成，八年而不知死，不知生，九年而大妙"，我现在没有体会。达到这样的阶段应该是很不容易的。

离开，扬弃

读书的时候，要有一个阶段和顺序的意识，这样的意识很重要，就是说要一步一步地往前走，往上走；同时要意识到，每一个阶段都是对前面那个阶段的否定。就像登高一样，我从地面开始攀登，一百米，一千米，三千米，到三千米已经很高了，如果我还想攀登到三千零一米，那我就一定要否定我的三千米，我的脚一定要离开三千米才能够攀登到三千零一米这个高度。这个"一定要离开"，这个否定，可以用一个哲学词汇来说，叫"扬弃"。但是这个"一定要离开"，对于我们很多人来说是非常困难的。为什么呢？因为好不容易，读书读了十年二十年，已经读了那么多了，获得了那么多的知识，见识了各种各样的见解，已经形成了基本的人生观念，这个时候，你让我离开，让我否定，我怎么能做得到呢？很多人到了一定的高度之后，觉得已经够高了，就不舍得离开。但是我的脚不离开三千米，就一定不可能到达三千零一米。所以我觉得这个"舍弃"、"离开"很重要。这和刚才讲的南荣趎的故事也相通的，就是你脑子里有很多东西，你能不能把它们抛弃掉呢？我们常讲一个成语，"百尺竿头，更进一步"，大家有没有想想，怎么更进一步呢？如果那个竿子只有一百尺，他已经爬到竿子顶了，他怎么更进一步？他再进一步就要从竿子上摔下来；如果他渴望到达一百零一尺的高度，就需要从这个竿子上下来，去另外爬一个竿子。"百尺竿头，更进一步"是很困难的，这里需要有一个大的决心，要有一个"舍弃"，要把已经获得的那些东西抛弃掉。这个"舍弃"，准确地说是"扬弃"，三千零一米要靠前面那个三千米垫底，但一定要离开那个三千米才有三千零一米。我自己体会为什么给研究生上课那么难，讲同样的东西，一个本科生就学得好，一个研究生他可能就觉得他已经懂得很多东西了，他没有这个"舍弃"的勇气。有的时候这还是一个思想习惯的问题，就是需要养成一个脚步不断地离开原来那个地方的习惯，要有这样一种冲动。

一本没有读懂的书

离开原来的地方，往一个新的陌生的地方去，也就是从已知的领域去闯未知的领域，从读书上来说，就是去读自己读不大懂的书。读读不懂的书，我自己有一次特别的经验。大学二年级的时候，放暑假，从图书馆借了一本书回家，很薄的书，名字很长，叫《任何一种能够作为科学出现的未来形而上学导论》，简单地就叫《未来形而上学导论》，是康德的一本哲学著作。我一个暑假把它读完了。读懂了么？完全不懂。

可能懂了一点点，但是你要我说这本书说了什么，我根本就说不出来。可是我觉得这本书对我影响很大。一本我能够读懂的书，对我未必有那么大的影响。我后来去做文学研究，很难说跟这本书的关系不大。它影响了我的思维方式，发现原来人可以这样思想，原来脑子可以这样想象问题；它让我惊讶地看到，原来世界上还有这样的一个思想世界，逻辑世界。虽然我没有读懂这本书，但是从那个大二暑假之后，我的思考方式，我关注的一些问题，不知不觉中发生了变化。那是一九八七年，到现在快二十年了，在这二十年里面，我有很多次很冲动地想把这本书重新读一遍，现在再重新读这本书的话，可能比我二十年前读不懂的地方要少一点。但是我还是把这个冲动压下去了。即使现在我把这本书读懂了又怎么样呢？读懂了它，对我的影响也可能没有当年我没把这本书读懂产生的影响大。当年我是从图书馆借来的书，我觉得这本书对于我太重要了，后来自己去买了一本来作为纪念；但也就是把它放在书架上，一直没有读。

为什么要去读自己读不大懂的书呢？如果读一本对于你没有任何障碍的书，这说明这本书的想法和你差不多，你很容易认同，它和你的水平处在同一个线上，稍微高一点或者稍微低一点；你读起来没有障碍，也就是说这个书对于你来说是没有新东西的，和你的理解水平、理解范围是差不多的。阅读这样的书，当然会很轻松，没有那么多的困难。可是就是因为没有了困难，你也就失去了克服困难之后才能获得的东西。我刚才举的是一个比较极端的例子，极端到就是这个书我完全没有读懂。人不能老是去读自己完全读不懂的书，但也不能老是去读一读就懂的书。主要要去读的，是那些能够懂一些，但是还有一些不能够懂，能够理解一些，但还有一些超出已有理解的书。应该不断地去读这样的书，这样才能够使读书成为一个不断地提高自己的过程。

有一句话很好，我不知道大家听没听过鲍勃·狄伦的歌，鲍勃·狄伦在自传里说：我喜欢那些能够改变我原有想法的事物。这句话我很喜欢。我喜欢那些能够改变我原有想法的书。如果一本书对我没有冲击，没有震撼，没有刺激我，没有让我讨厌，那我觉得这个书对我个人来说不一定有很大的价值。当然也可以把这个话说得很厉害，比如卡夫卡说，我们所需要的书就是一把能够击破我们心中冰海的利斧。当然，不一定每一个人都有能力去承受利斧。说得中庸一点，那就是，要去读那些与我们现有的想法有那么一点差别的书。讲到这里又回到一开始讲的那个问题，就是和我的想法有差别的书，如果我以固有的想法去对抗的话，那对我也就没有用，就把它对抗掉了；还是要把自己的心空出来，这样与自己有差别的想法才会进入到脑子里来，使大脑重新达到一个平衡。

"不求甚解"，为什么还能有所"会意"？

　　陶渊明的《五柳先生传》，说五柳先生"好读书，不求甚解；每有会意，便欣然忘食。"既然"不求甚解"，为什么还会有所"会意"呢？这个很有意思。

　　我想说的是，在我们的读书过程中，会出现很多感受，这些感受是随时出现的，读到某一页，某一句话，读到某个情节，哭了或者笑了，都有可能。这些随时出现的感受，很零碎，不条理，前后矛盾，说不清道不明，其中大多也许可能只存在了一瞬间，很快

198

就消失了。很多人读书，急于做的事情是，当一本书读完的时候，要对他的感受进行概括，提炼，总结。我想说的是，要把后面做的这些事情放得慢一点，读完一本书的时候，尽可能地把读书过程中的那些零星的、你说不清道不明的感受保持得长久一点，不要急于把它们提升、概括、提炼、总结成一个什么观点，不要急于去形成意见和看法，而让感性的那个东西保存得长久一点。其实那些感性的东西是最珍贵的，你不有意去保护珍惜的话，它很快就没有了。

我们今天这个社会，每个人都有很多的意见、看法，对很多很多的事情都有意见和看法，其实呢，这些意见和看法不一定那么有意思。我觉得有意思的是在形成意见和看法之前的、属于你个人的、和你原始原生的反应联系在一起的那种感性的状态。所谓"不求甚解"，在我的体会里面，就是不急于把它提炼升为、概括为、总结为什么东西，这个东西做起来是最容易的；难的是把自己那个感性的东西保存下来，这个才是独属于我们自己的。好的大脑是什么呢？好的大脑是野生的、枝叶繁茂的植物，而不是修剪得很规矩、排列得整整齐齐的树木。当然，那个原生的东西它很可能会自然、自动结晶为某种东西，自然、自动形成我们人生经验当中一些宝贵的东西，不要人为地去加速这个过程。我们现在的教育，是教育孩子从小就要有自己的想法、独立的见解，这个当然是好的；但是孩子在家里，在学校，他的独立的生活还没有开始，怎么就要求他对生活有见解、有看法呢？对生活的见解和看法是慢慢地从生活中体会出来的，是自然地生长出来的。做过母亲之后你就知道做母亲的辛苦和伟大，这个东西不用去教的，不用去提炼的。孩子还没有什么生活，你就要求他对生活有见解有看法，这是不合理的。现在好了，我们的孩子真的是很有看法，对很多问题都很有看法，但是这些看法是可靠的么？它背后没有一个生活世界的支撑，这样的看法是什么东西呢？这样的个性对孩子的成长来说是健康的还是病态的？我对这样的方式是很怀疑的。让这些东西很自然地成熟——我觉得生命就是一个时间过程——一定要时间到了，它才成熟，不要催生它。当然可以有三季稻，但是三季稻就是没有一季稻好吃。我们应该要有耐心，有耐心等待我们在阅读过程当中产生的感受自然地形成某种东西。

我们也要有耐心等待阅读中碰到的困难和问题慢慢地解决，我们要学会和问题相处。通常我们碰到问题都很着急地去解决它，解决了就轻松了，其实不妨让那个问题在你身上停留得长一点。一个问题在你身上停留的时间越长，可能它给予你的营养越多。有的时候给予我们营养的东西不是解决问题的答案，而是问题本身。所谓"会意"，"会意"的一定不是干巴巴的、抽象的、可以概括成几条的东西。

　　当然我也不是反对理性的概括，反对理论，反对方法。在读书过程中，或者在做任何其他事情的时候，我们都需要一些理性、一些理论、一些方法，但是它是一个中间的阶段，不是一个最终的阶段。冯至《十四行集》的最后一首，说一片泛滥无形的水，一个人用一个椭圆形的瓶子去取水，这些水就得到了一个定形。水是没有形状的，但是如果用椭圆形的瓶子去装它，它就是一个椭圆形的形状。理论有一个什么好处呢，是可以用它来把握你没法把握的东西，也就是给它一个形状，就像那个椭圆形的瓶子；可是你的那个东西本身是不是就是椭圆形的呢？有的时候我们用了一个理论，我们就记住了这个理论，我们就认为水就是椭圆形的。这可是个问题。

我喜欢听小孩子说话，我儿子四岁的时候有一天问我，爸爸，水是什么形状的？我一愣，我没想到他会问这个问题。然后他自己说，如果用一个长形的东西去装水，水就是长形的；如果用圆形的东西去装水，水就是圆形的。虽然他用的长形圆形这些概念不准确，可这不就是冯至的诗嘛。后面他接着又说，那水是什么形状呢？——水在水里的形状就是水的形状。小孩子常常会说出你想不到的话来。水在水里的形状，那才是水的形状。我们学习读书的理论和方法，现在也有很多这样的书，但是这个东西就是一个椭圆形或者长形或者圆形的瓶子，最后水的形状其实是水在水里的形状。你一定要把它放掉。"好读书，不求甚解"，不要急着去提升、概括、总结、结晶，因为提升、概括、总结、结晶的那个东西就是一个形状，中间我们可能需要这个形状，但是到最后还是要把这个形状打碎的。

你对书好，书就会对你好

最后我要谈到，人和书的关系中特别重要的一点。人和书的交流与人和人的交流是一样的，有一句话我很想跟大家说，就是，如果你对书好，书就会对你好。为什么说这句话呢？我们通常会把书当成一个客体是吧，一个不主动的东西，主动的就是我们人；实际上不是这样的。人和书的交流，如果是"交流"的话，那么书也一定是可以和我们处在对等的位置上的。日常生活当中，有的人交朋友，是一种很功利的方式，抱着一个什么目的，目的达到了这个朋友也就算了。我们都会很讨厌这种人是吧，生活当中这样一种交朋友的方式我们不大认可是吧；但是在我们的读书生活当中，我们通常是采用这种方式的，读这本书要达到个什么目的。这其实也是一种要不得的功利。你那样交朋友你到最后肯定是没有朋友的，你对朋友好朋友才会对你好，你对朋友不功利朋友才会对你不功利。读书也是这样的，如果你对书功利，书也会对你功利。你对书好，书才会对你好。你读这个书其实不知道它会在什么时候帮助你，可能它一辈子都帮不了你，但也有可能在你最危急的时候、你最需要帮助的时候，就是一个你从来就没有指望它帮助你的那个书帮助了你。大家可能觉得这样说有点神秘，其实不是的，这完全就是我自己的一些体会。其实说到帮助不帮助、什么时候帮助，就已经是功利的了。还是少些功利考虑好。我是很诚恳地说，你对书好，书就会对你好。

（根据二〇〇六年五月二十日在上海市语文名师
培养基地的演讲录音整理）

新版后记

今年春天，参加一个活动，一位中学教师向我提问："出版《读书这么好的事》的时候你三十七岁，今年你已经五十了，你还觉得读书是这么好的事吗？"

她的话让我大吃一惊。一是我没有意识到书最初出版时候我的岁数，二是我大概有意识要忘记我现在的岁数。经她这么当头一问，我不得不在心里做了一下加减法。

实际上还要早，二〇〇一年，也是春天，我

三十四岁，轻松愉快地写出十八篇谈读书的文字，组成一个小整体，成为《人文知识读本》的一部分。二〇〇四年，出版单行本，起名《读书这么好的事》。此后，这本小书经不断补充，出过几个不同版本。

蒙上海人民出版社诚意，如今又出此书的新版，趁此机会，我想重复对那位老师的回答：我仍然觉得，读书是这么好的事；只是，五十岁，比三十七岁的时候，更懂得，读书是这么好的事。

不过，说实话，我心里真不觉得写这本小册子已经过了这么长的时间。每当想起这本书，我总以为是不久前——去年，或者上个星期——才写的。现在，这本书印出来，我也会以为，这是一本新书。

张新颖
二〇一七年六月六日

图书在版编目(CIP)数据

读书这么好的事/张新颖著. —上海:上海人民
出版社,2023
ISBN 978 – 7 – 208 – 18176 – 2

Ⅰ.①读…　Ⅱ.①张…　Ⅲ.①读书方法　Ⅳ.
①G792

中国国家版本馆 CIP 数据核字(2023)第 034261 号

责任编辑　陈佳妮
封扉设计　人马艺术设计·储平
内文插图　孙　再

读书这么好的事
张新颖　著

出　版	上海人民出版社	
	(201101　上海市闵行区号景路 159 弄 C 座)	
发　行	上海人民出版社发行中心	
印　刷	上海盛通时代印刷有限公司	
开　本	787×1092　1/32	
印　张	7	
插　页	5	
字　数	72,000	
版　次	2023 年 8 月第 1 版	
印　次	2023 年 8 月第 1 次印刷	

ISBN 978 – 7 – 208 – 18176 – 2/G·2145
定　价　42.00 元